자전거
백과사전
아님

일러두기

본 도서는 자전거 라이딩 입문자를 위한 내용으로 구성되었습니다.

도서에서 소개된 자전거 장비 가격은 홈페이지나 자전거 숍에 따라 조금씩 다를 수 있습니다.

인명 및 지명 등의 외래어 표기는 국립국어원 외래어표기규정을 기본으로 하였으나,
실제 라이더들이 쓰는 용어 등은 통용되는 표기를 사용했습니다.

부록의 용어 사전은 가나다순이 아닌 상황별 기준으로 정리되었습니다.

차근차근 자전거 적당히 잘 타는 법

자 전 거
백과사전
아 ― 님

정태윤 지음

영진미디어

프롤로그

10년 전, 디자인 에이전시에 다닐 때였다. 우연히 웹서핑을 하다가 발견한 미니벨로가 너무 갖고 싶었다. 며칠을 고민한 끝에 퇴근하자마자 바로 자전거 숍으로 달려갔다. 이제 막 셔터를 내리려던 찰나에 가서 사장님을 붙잡고 구매와 조립, 세팅을 일사천리로 진행하며 사장님의 퇴근을 늦췄던 일이 시작이었다. 그때부터 지금까지 10년 동안 자전거를 타며 서울을 주 무대로 다양한 사람들과 라이딩을 해왔다. 제법 진지하게 레이싱 팀에 소속되어 활동도 해보고, 프랑스에서 월드투어 경기인 투르 드 프랑스 관람도 했으며, 일본으로 자전거 투어를 가기도 했다. 나중에는 마음 맞는 사람들과 함께 자전거 대회(카페 그란폰도)도 만들어보기도 했다.

다리로 머리로 마음으로 자전거를 온전히 즐겼던 지난 10년간이었다. 동호회 활동도 하고, 미니벨로를 샀던 사장님과 인연도 이어가면서 자전거를 즐겼다. 시간이 흘러 이제는 이렇게 자전거 입문자를 위해 책까지 출간하게 되었다니 참 신기하고 감회가 새롭다.

"그럼 자전거 실력이 어느 정도인가요?"

종종 이런 질문을 받는다. 사실 어떻게 대답을 해야 할지 잘 모르겠다. 수치화된 대답을 원하는 것 같은데 대회에 나가 우승한 적도 없고 수치로서 표현할 수 있는 실력이 아니기 때문이다. 그래도 굳이 묻는다면, 하루 200km는 소화할 수 있는 정도라고 말하고 싶다. 물론 다음 날은 좀 힘들겠지만······.

이 책에서 내가 전하고 싶은 이야기는 자전거 실력을 올리는 것과는 조금은 거리가 멀다. 사실 나는 사람들이 자전거를 잘 타는 것보다 자전거를 더 잘 즐기길 바라고 있다. 남보다 더 빨리 달리는 일에 힘을 쏟지 않고, 사람들의 일상이 자전거로 인해 더 행복해지길 원한다. 내가 그랬던 것처럼.

쳇바퀴처럼 돌아갔던 일상에서 자전거를 만나고, 취미가 되면서 개인 블로그에 나름 만화도 연재해보고, 공중파 방송에 자전거 덕후로 출연한(그랬지만 여전히 나는 일반인!) 일까지, 자전거와 함께하며 평범하고 소소한 즐거움을 느낀 일을 전하고 싶다.

자전거를 타는 순간이 사회적인 통념에서 벗어난 가장 '나다운 나'라고 생각한다. 그래서 이 책의 그림 역시 있는 그대로의 B급 정서가 반영되었고, 다소 날것이기도 하다. 자전거를 멋대로 타지만 기본은 제대로 갖추는 법을 공유하고자 했다. 자전거 입문자, 자전거에 취미를 붙이기 시작한 사람들, 조금 더 갖추고 타고 싶은 사람들, 매번 가던 곳을 벗어나 여기저기 둘러보고 싶은 사람들에게 도움을 주고 싶어 이 책을 썼다. 독자 여러분에게 이 책이 자전거의 새로운 즐거움을 찾기 위한 길잡이가 되었으면 좋겠다.

자! 그럼 이제 머리와 가슴으로 하는 라이딩을 해보자.

목차

PART 1

자전거와 라이딩,
라이딩과 자전거

시작은 그랬다

아무것도 하지 않는데 어떻게 반전을 꿈꿀 수가 있겠어?
무엇을 해야 할지 모를 때는 아무거나 시도해봐.
그러다 가끔 얻어걸리는 게 나의 일상을 아예
뒤바꿀 수도 있거든…….

무료한 일상을 보내는 샐러리맨.
야근, 박봉, 피 말리는 하루하루.
퇴근하면서도 마음이 무거웠고
늘 불안했다.

언제 터질지 모르는
클라이언트의 컴플레인에
스트레스를 받았고
오늘 야근을 하지 않으면
내일 밤샘작업을 해야 했기 때문에
늘 피곤해 했다.

말 그대로 일하는 기계처럼
아침을 그렇게 맞이했다.
만나던 여자친구와도 그 무렵
헤어졌다.

2007년 어느 날,

자전거를 사자!
저렴하고, 예쁘고, 아저씨 같지 않고,
'간지' 나고, 가볍고, 내 감성을
살랑살랑 흔들어 주는,
여자친구와의 이별 따윈
한 번에 잊게 해주는
그런 자전거를 사자!고 결심했다.

그래서 첫 자전거를 샀다.

14만 원이란 돈을 벌벌 떨며
결제했다.

그 후로 나는 퇴근하고
자전거만 탔다.
주말에도 자전거만 탔다.

야근하고 집에 와서도,
새벽에도 자전거만 탔다.
그냥 막 탔다. 막!

그렇게 자전거는 내 삶을 좀 많이 변화시켰다.
작게는 월 지출 내용부터

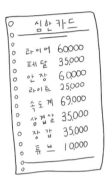

크게는 성격까지.

응~
네 맘대로 행~

쫄쫄이 옷과 헬멧만 쓰면 왠지 모를 자신감마저 생겼다.

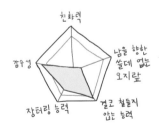

장터링
자전거나 자전거 부품을 사기 위해 장터나 커뮤니티를 탐색하는 것.

정태윤이 클라크 켄트라면
금개구리는 마치 슈퍼맨인 것처럼
나는 캐릭터를 바꿨다.

자전거 '덕후'(마니아)
라이더를 만날 때면
단추를 풀었다.

슈퍼맨~!

좌~아

후~훗

* 금개구리는 저자의 자전거 동호회 닉네임이다.

자전거를 타는 사람을 보면 괜히 친한 척 말도 걸어보았다.
과도한 붙임성과 남들이 나를 좋아해 줄 것이라는,
밑도 끝도 없는 자신감을 장착한 '이상한 놈' 같았다.

알고 보니 나는 원래 그런 사람이었다.
자전거는 진짜 나다운 나를 찾아주었다.

나에게서 빼놓을 수 없는 취미, 자전거

이 책을 읽는 당신은 분명 자전거에 관심을 가지고 있는 사람일 것이다. 자전거에 관심도 없는데 이 책을 집어들었다면, 단순히 책표지 디자인이나 흥미로운 제목을 보고 그랬을 것이다. 혹은, "뭐 이런 책이 다 있지?" 하는 호기심이거나.

책을 기획할 때, 2개월 정도면 충분히 원고를 마무리할 수 있을 것이라고 생각했었다. 하지만 막상 목차를 정리하고 아이디어를 나열한 후에는 2개월이라는 시간이 턱없이 부족할 정도로 진도가 상당히 더뎠다. 무엇 때문이었을까?

자전거는 내게 학문이나 지식이 아닌 삶의 일부, 생활 자체가 되었기 때문이다. 그래서 자전거에 대한 모든 것을 풀어서 글로 표현하기에는 경계가 상당히 모호했다. 나는 초심으로 돌아가 자전거의 매력에 푹 빠질 즈음의 기억을 되짚어가기로 했다.

이 책에서 자전거를 잘 타기 위한 방법을 기대했다면 죄송하다는 말을 하고 싶다. 이 책은 자전거를 잘 타기 위한 방법을 알려주는 것이 아닌 '자전거를 더 재미있게 탈 수 있는 요소'를 알려주고자 쓴 책이다. 자전거는 나에게 운동보다는 휴식이자 즐거움이었기 때문이다. 우리는 어느 순간 취미 생활을 하는 데에서도 경쟁을 한다. 아니면 보여주기 식으로 자전거를 타거나 이걸 일종의 스펙으로 여기는 경향이 있다. 남보다 더 멋있어 보이려고 실력보다 외모를 꾸미고 과시하는가 하면, 자전거에서도 경쟁하며 지지 않으려고 몸을 혹사하기까지 한다. 물론 그러한 열정과 경쟁은 자전거의 또 다른 재미 요소이기도 하지만 모두가 경쟁에 동참할 필요는 없다. 그것은 취미 생활의 본질을 조금 벗어났기 때문이다.

"선수할 것도 아니고."

우리는 더 즐겁고 멋있게, 그리고 재밌게 자전거를 타면 된다. 개인마다 최대치의 능력은 대부분 정해져 있기 때문에 자신의 기량에 맞게 운동하는 것만으로도 충분하다. 우리가 즐기는 이곳, 자전거 세계에서는 최고가 아닌 최선이면 된다. 최고가 되기 위해 노력할 때 자전거 대회 등에서 좋은 성적을 거둘수 있지만, 그렇지 않다고 해서 주눅이 들 필요는 없다. 최선을 다해서 재미있게 타는 지금 당신의 모습, 그대로가 멋있다. 그것도 아주 충분히 말이다.

자전거의 종류

자전거를 재미있게 타기 위해선 알다시피 자신에게 딱 맞는 자전거를 선택해야 한다. 먼저 자전거의 종류에 대해서 알아보자. 자전거는 크게 5가지 정도로 분류하는 것이 일반적이다.

MTB	Road	미니벨로	픽시	하이브리드
산악자전거	로드바이크	작은 바퀴	고정기어	도심/생활형

물론 이 종류는 모두 카테고리마다 새로운 '가지와 줄기'를 만들어 세분된다. 하지만 통상적으로 위의 5가지 분류 안에 모든 것이 있다고 봐도 무방하다.

예를 들어, MTB 안에서도 산을 더 빠르게 달리기 위한 레이스용 하드테일 자전거, 산에서 안전하게 하강하기 위한 다운힐 자전거, 이 둘의 적절한 균형을 이루고 있는 올마운틴 자전거가 있다. 그밖에 타는 용도에 따라 이지 라이딩, 크로스컨트리, 트레일바이크, 프리라이드, 트라이얼 등이 있다.

이러한 형태는 로드바이크 안에서도 마찬가지다. 평지에서 가장 빠르게 달릴 수 있도록 설계된 에어로 자전거, 언덕 구간을 오르기 쉽게 설계된 힐클라임용 자전거, 장거리 라이딩 시 피로감을 덜 줄 수 있는 앤듀런스 자전거가 있다.

이러한 분류를 구분 짓는 세부 사항으로는 프레임의 '지오메트리'나 '서스펜션' 등 다양한 장치들이 있으나 이 책에서 소개하기엔 너무나 방대하며, 자전거를 좀 더 익힌 후에 알면 좋은 부분이어서 설명을 생략하였다.

로드바이크

콘돌 사이클 로드

(출처 : 네스트인더스트리)

#가장빠른자전거 #가볍다 #멋지다 #젊음 #고급

여전히 자전거 계의 대세인 로드바이크. 유입 경로는 다양하다. 미니벨로, 픽시, MTB를 타던 유저가 스피드와 더 멀리 가고 싶은 욕구를 충족하고자 로드바이크로 전향하는 경우가 많다. 반대로 로드바이크를 타다가 다른 자전거로 전향하는 경우는 거의 없다(병행하는 것은 있다). 한국은 업앤다운 지형이 많아 지루하지 않게 로드바이크를 타기 정말 좋다. 한강 자전거 길이나 국토 종주 길이 그러하다. 그래서 "어차피 우승은 로드!"

MTB 산악자전거

라피에르 올마운틴 자전거

(출처 : 이엑스오)

#다이내믹 #중장년층 #매력적 #사색 #사계절

"뽕 중의 뽕은 산뽕"이라는 말이 있다. 그만큼 MTB에 빠지면 헤어나오기 힘들다는 뜻이다. 불규칙한 산길을 오르고 내려올 때는 긴장감과 함께 관절을 유연하게 써야 하므로 젊을 때 타야 하는 자전거인네, MTB가 인기를 누렸을 시절 주로 타고 다닌 연령층은 40대 후반이었던지라 '연세가 지긋하신 분이 타는 자전거'라는 인식이 남아 있지만 요즘은 점차 다시 젊은 층으로 돌아서는 추세다.

미니벨로

스트라이다

(출처 : 산바다스포츠)

브롬톤

(출처 : 산바다스포츠)

#작다 #귀엽다 #활용성 #폴딩 #대중교통 #연계

2010년쯤, 미니벨로가 대대적으로 유행했다. 20·30세대의 큰 사랑을 받았지만
그 유저들이 대부분 로드바이크로 전향하면서 미니벨로의 르네상스 시대는
끝났다. 하지만 현재까지도 유일하게 사랑받고 있는 미니벨로가 있는데, 바로
'폴딩 미니벨로'이다. 폴딩 미니벨로는 일반 대중에게도 어필하고 있고 무엇보다
출퇴근이나 가까운 거리를 이동할 때 대중교통과 연계가 된다는 점이 큰 장점인
자전거이다. 그래서 앞으로도 그 사랑이 계속될 것 같다.

픽시

알톤 픽시 로드마스터

(출처 : 알톤스포츠)

#젊음 #패션피플 #패션 #펑키 #스타일리시

픽시는 브레이크가 없는 벨로드롬을 달리는
경륜 자전거에서 약간 변형된 모델이라고
생각하면 된다. 트릭용과 레이싱용으로
분류된다. 픽시의 유행은 일명 '스트리트
패션'에서부터 시작하였다. 20대 초반의 감각
있는 패션피플이라면 다들 픽시 한 대쯤은
가지고 있을 정도였다. 고정 기어의 독특한
주행성과 트릭(묘기)은 픽시 마니아만의
문화를 만들었다. 요즘은 10대에게 가장 큰
인기를 누리고 있는데, 아마 한 웹사이트에서
연재되는 픽시 웹툰 때문이 아닐까 한다.

하이브리드

알톤 하이브리드 콜리고

(출처 : 알톤스포츠)

#편안함 #안전 #입문자 #적당함 #도시형 #변함없는인기

하이브리드는 MTB와 로드바이크의 장점을
혼합하여 만든 자전거이다. 장점을 잘
받아들인 만큼 안정성이 높아 입문용으로 많이
탄다. 안정성과 주행성을 높인 적절한 도시형
자전거로 별다른 특징이 없다는 평가도 있다.
가격 포지션에서도 확인할 수 있듯이 다른
장르의 자전거는 수천만 원도 호가하는 데
비해 하이브리드는 최고 사양이 200만 원이
넘지 않으며 보통 20~80만 원대가 가장 많다.
그렇지만 하이브리드는 절대 사라질 수 없는
자전거이다.

자전거 등급

자전거에도 등급이 있다. 로드바이크를 예로 들어보자. 자전거 등급을 나눌 때 우선시하는 것이 프레임과 구동계이다. 프레임은 그야말로 자전거의 뼈대이며 자전거의 브랜드이다. 고급으로 갈수록 완성차가 아닌 프레임, 바퀴, 구동계, 각종 파츠 등을 따로 사서 조립하게 된다. 자동차로 비교하자면 H사 디자인의 자동차에 K사 엔진, 실내는 S사로 골라서 꾸민다고 생각하면 이해가 쉽다. 여기서는 자전거 프레임이 차량 외부 디자인이고 엔진이 구동계, 실내 장식이 자전거의 핸들바나 안장 같은 각종 파츠라고 생각하면 된다.

 보통은 이렇게 말한다.
"듀라급이야~", "울테급이야~", "105급이야~"

우선 자전거의 엔진인 구동계를 살펴보자. 듀라급은 '듀라에이스급'의 줄임말이고 울테급은 '울테그라급'의 줄임말이다. 이들은 모두 자전거의 구동계 등급인데, 자전거 프레임은 브랜드가 너무 많고 보편적이지 않아서 등급을 이야기할 때 비교 대상으로 삼기엔 좀 어렵다. 그래서 등급을 이야기할 땐 구동계로 말한다. 구동계는 시마노, 캄파놀로, 스램과 같은 3사의 구동계가 대표적이라 할 수 있다. 차량으로 비교하자면 1,000cc나 2,000cc, 3,000cc 등으로 구분하는 것과 유사하다.
국내는 물론 세계 시장에서도 큰 점유율을 가진 브랜드가 '시마노'이다. 시마노는 일본 브랜드인데, 위에서 말한 듀라에이스와 울테그라 등이 모두 시마노 제품이다. 호환성이 좋고 정교하여 잔 고장이 없는 것으로 유명하다. 그렇기에 입문자라면 특히 시마노 구동계로 구성된 자전거를 사는 것이 마음도, 몸도 편하다. AS 역시 비교적 빠르게 처리된다.

쉬프터

안장

핸들바(드롭바)

싯포스트

스템

브레이크(뒤)

프레임

드레일러(뒤)

휠(앞)

휠(뒤)

브레이크(앞)

드레일러(앞)

클릿 페달

크랭크

체인

스프라켓

구동계 등급표

브랜드		high 등급				low 등급
로드 바이크	시마노	듀라에이스 ▶ 울테그라 ▶ 105 ▶ 티아그라 ▶ 소라 ▶ 클라리스				
	캄파놀료	슈퍼레코드 ▶ 레코드 ▶ 코러스 ▶ 포텐자 ▶ 센타우르				
	스램	레드 ▶ 포스 ▶ 라이벌 ▶ 아펙스				
MTB	시마노	XTR ▶ 데오레XT ▶ SLX ▶ 데오레 ▶ 알리비오 ▶ 아세라 ▶ 알투스				

* 전자식 구동계 제외. 미니벨로와 하이브리드는 위의 구동계를 선택적으로 사용한다.

그럼 프레임 소재로 등급을 매길 수 있나?

프레임 소재는 하이텐, 알루미늄, 크로몰리, 스테인리스, 티타늄, 카본, 마그네슘 정도로 나뉜다. 보통 일반적으로 생활차 자전거는 하이텐과 알루미늄으로 이루어져 있고, 조금 고가의 자전거로 올라가면 소재가 조금씩 변한다. 카본이나 티타늄이 비싸다고 알려졌지만, 소재 역시 등급과 제조 공정에 따라서 카본보다 더 비싼 알루미늄도 있을 수 있다. 이처럼 프레임은 소재가 곧 등급이기 때문에 서로 비교하기가 상당히 어려워, 구동계로 등급을 매기는 이유이기도 하다.

그렇다면 가격 대비 가장 좋은 자전거는 무엇일까?

위 등급표대로 자전거를 추천하자면, 입문자의 경우 105급이나 울테그라급이 좋다. 프레임과 브랜드에 따라 다르지만, 보통은 100만 원 초반으로 구성되어 있다. 가격이 저렴하진 않다. 그러나 이 정도 등급을 타면 한동안은 추가 지출을 하지 않고 오래 탈 수 있을 것이다. 또 105급부터 기어가 11단 변속이 가능해 추가 업그레이드를 하기 쉽다. 그러니 자전거에 재미를 붙이고 제대로 타보겠다 싶으면 105급으로 시작하는 것을 추천한다.

* 2018년 4월, 캄파놀료에서는 12단 구동계를 출시했다.

가격 대비 성능이 좋은 자전거는 사실 가장 저렴한 자전거라 볼 수 있다. 단 돈 5만 원인 자전거라 할지라도 자전거의 기능은 충족해줄 테니 말이다. 자전거는 가격이 점점 올라갈수록 품질의 격차가 점점 줄어든다. 명품은 작은 차이에서 온다고 하는 말이 있는 것처럼, 고가의 자전거는 확실히 세심한 부분까지 신경 쓰고 있다. 그 가치를 볼 수 있다면 돈을 내는 것이고 그 가치가 굳이 필요 없다면 나에게 맞는 합리적인 가격의 자전거를 사면 된다.

시마노 105 구동계 세트(출처 : 나눅스네트웍스)

자전거를 타기 위한 최소 장비(필수장비)

자전거

처음 살 때 아예 좋은 제품을 사는 것이
경제적이라고도 하지만, 라이딩 스타일과 성향
그리고 앞으로 자전거 취미를 지속할 수 있을지에
대한 판단이 없으므로 저렴한 자전거로 시작하는
것도 무난하다.

헬멧

자전거를 타는 사람들은 헬멧도 패션처럼 여겨
다양하게 보유하고 있기도 하고 헬멧을 벗은
것보다 헬멧을 쓴 모습에 더 자신감을 보이기도
한다. 헬멧의 진짜 존재 이유는 안전이다. 생명과
직결되어 있기에 자전거를 살 때 당연히 함께
사는 것을 권장한다. 헬멧의 역할과 기능은
저가나 고가나 비슷하다. 디자인과 디테일, 무게
등에서 약간씩 다를 뿐이다. 그리고 헬멧은 한번
충격이 가해지면 외관상 문제가 없더라도 새로운
헬멧으로 교체하는 것이 좋다.

라이트

라이트는 내 앞을 밝히는 '전방등(전조등)',
내 뒤를 밝히는 '후방등(후미등)'이 한 세트이다.
라이트는 어두운 곳을 지날 때 시야를 확보하기
위한 것이며 무엇보다 맞은편에서 오는 상대가
나를 발견하도록 하는 목적이 강하다.
전방등이 너무 밝을 경우 오히려 상대의 시야를
해치는 상황이 발생할 수 있으니 적당한 밝기와
각도를 유지해야 한다. 약간 아래를 비추도록
장착한다.

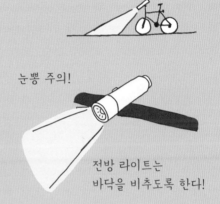

각도 주의!

눈뽕 주의!

전방 라이트는
바닥을 비추도록 한다!

장갑

장갑은 안전 장비이다. 넘어질 때 무의식적으로
손을 가장 먼서 시면에 짚게 되는데, 그때 장갑을
착용하는 것만으로도 큰 부상을 방지할 수 있기
때문이다. 그러니 장갑은 꼭 사야 한다.
두 번 사도 모자람이 없다!

반장갑

반장갑

여름철 반장갑을 끼면
햇빛에 의해 피부가
탈 수 있다.

나에게 맞는 자전거 찾기

나에게 맞는 자전거는 무엇일까? 내가 스피드에 열광하는지, 다이내믹하고 모험을 즐기는지, 아니면 생활과 긴밀하게 연관하여 자출(자전거로 출퇴근)이나 데이트, 혹은 업무상 미팅을 갈 때도 사용하고자 하는지 다양한 측면에서 살펴볼 필요가 있다. 즉 가격, 디자인, 목적, 거주지, 자전거를 타는 시간과 장소, 자전거를 타는 나의 모습 등을 고려한다. 아마 독자분들은 무의식적으로 이러한 요소들을 염두에 두고 있었을 것이다. 그리고 정보를 얻으려고 검색하였을 테고, 분명 그중에서 마음에 들거나 자꾸 눈에 밟히는 그런 자전거가 있었을 것이다. 그렇다면 그 자전거가 맞다.

자전거는 일단 본인 마음에 들어야 탈 의욕도 생긴다. 그리고 자전거를 즐길 수 있어야 나에게 맞는 자전거를 찾을 수 있다. 한번 타 봐야 똥인지 된장인지 아는 법! 그래서 나의 진짜 자전거는 2번째 자전거라고 생각하는 게 낫다. 첫 자전거는 나에게 자전거 자체의 매력을 알려주는 것이라면, 두 번째 자전거부터는 첫 번째 자전거를 타며 부족했던 것, 아쉬웠던 것 등을 보완한 나의 진짜 자전거라 할 수 있다. 그러니 첫 자전거는 그냥 첫눈에 반한 자전거를 사라!

친구들의 눈에 비친
나의 모습은…

자전거덕후

그래서 그런지 자전거 관련된
내용이라면 내가 뭐든지
다 알거라 생각한다.

저거 얼마냐?
어느 리에서
나온겨?

저거?

그럼 이제 인터넷으로 검색해서
가격순으로 놓고 50만 원대 중에서
예쁜 거 골라서 사면 돼!

좀 더 성의 있게
추천해주면 안 돼?

욕심쟁이!

요~석!

후훗

그러면
너랑 자전거 제일 많이 타는
저 형이 "따봉~따봉"
해주는 자전거로 사!

넌 그거 사야 해.
그거 아니면 우리 크루에
안 껴줄거얌...

그게 따봉이야!
그거 사!

따봉 자전거

하지만
그게 맞아!
정답!!

결국 100만 원짜리를 사든 200만 원짜리를 사든
다 똑같아. 가격이 비슷하다면 성능도 비슷하거든.
결국 디자인! 즉 '네가 보고 꽂힌 그 자전거'를
사는게 정신건강에도 좋고 오래 탈 수 있다는 이야기!
그리고 예전부터 이런 문제들에 대한 고민들은
자덕 선조들에서부터 그 해답이 전해져 오고 있어!

들어봐!

가볍다

비싸   구림

그런건
잘나간다   없음
(좋은 부품) 기다림   싼 가격
          (중고)

가성비   성능 좋은 것.
에어로 성능.   업힐에 좋은 것
흔하지 않은 것.   가벼운 것.
승차감 짱.   굿 디자인.
?

이 모든 것들을
충족해 줄 수 있는 자전거는
존재하지 않아!

음…

이럴수가…

그러니 이보게 친구. 존재하지 않는 것들을 찾아서
너무 오랜 시간을 허비하지 말게나. 곧 추워진다고…
시간은 공짜지만 그 시간은 매 시간마다 품절이라고.

그러니 고민하지 말고 일단 뭐든 한 달만 타보게~
그럼 네가 필요한 게 무엇인지 찾을 수 있을 게야.

라이더마다 자전거에 따른 그 '필요'가 각각 다를 것이다.

어떤 사람은 스피드를 즐기고, 어떤 사람은 오프로드를 즐기고,

또 어떤 사람은 자전거를 타는 것보다 자전거를 타고 나가

맛있는 것을 먹으러 가는 것을 즐긴다.

이렇듯 가장 좋은 자전거는 각자의 용도에 맞는 자전거일 것이다.

용도에 맞는 자전거를 타고 있는지 오늘 한 번 되새겨보는 건 어떨까?

PART 2

글로 배우는
자전거 타는 법

실전! 자전거 잘 타는 법

자전거 라이더라면 마일리지를 쌓아라!
근육질 몸매의 헬스 보이보다 하루 30km씩 꾸준히 자출하는
배가 볼록한 아저씨가 훨씬 자전거를 잘 탄다.
요령 피우지 않고 성실해야 실력이 쑥쑥 올라가는 운동, 자전거.
기술을 특별히 배운다기보다 하루하루 마일리지를 쌓자!

갑자기 욕심이 생겼다.

나도 자전거를
잘 타고 싶다.
아주 많이.

어떻게 하면
자전거를 멋지고
폼 나게 잘 탈 수
있을까?

아무리
생각해도 답이 나오지
않을 때는 선조들의
지혜를 빌려야겠지?

묵념

경건한 마음으로
지혜를 구해보자.

와~
뭐 이렇게 많이 나오나…
어마어마하네.

인터넷에는 자전거 정보들이
이렇게나 넘쳐난다.

하지만 나에게 알맞은 정보가
뭔지 모르는 게 문제다.
내가 뭘 모르는지
모르는 것도 문제다.

이럴 때는 ARS 찬스가 답이지!

얼굴만 봐도
자전거 천재 같은 형님에게
물어봐야겠어.

띠리리리

띠리리리

웬일이야~
무슨 일 있어?

나도 형처럼
잘 타고 싶어.

갑자기
뭔 소리야!

자덕 라인
자전거를 자주 타는 라이더에게 보이는 라인.
피부가 타서 자전거 옷을 경계로 선이 생긴다.

형은 막 대회도 나가고
한 번 나갈 때마다
100km씩 막 다니잖아~

그리고 잘 타게 생겼어.
그것도 아주 무지막지하게!

야! 그건 너도 할 수 있어.
대회야 참가비만 내면 다 나가는 거고…

잘 타게 생겼다는 것은 무슨 뜻일까?

왠지 기분 나쁜 느낌…

아!
그래요?

나도 자전거
잘 타고 싶다~
타다 보니까
욕심나네요!

자전거 잘 타는 법 알려줄까?

벅벅

다른 거 필요 없고,
그냥 지금 당장
자전거 타러 나가!

네!

저지가 어디 있더라?

이런 짧은 급경사 구간은
댄싱을 했어야지!

이런
바보 같은
녀석

갑자기 댄스라니?

댄스를 추며
긍정적인 마음으로
페달링을 해도
힘들어! 제장

그 댄스 말고!

얌마!

안장에서 일어서서
가볍게 리듬을 타며
체중 이동을 이용한
페달링을 댄싱이라고 해.

엉성

삐걱

삐걱

이렇게요?

노노~
지금부터
그 방법을
알려주지.

까딱
까딱

댄싱하는 법

자전거에 막 재미를 붙인 어떤 사람이 이렇게 말하는 것을 들었다. "댄싱이 하고 싶어요~"라고. 보통 어릴 때 자전거를 배웠을 경우 자연스럽게 댄싱을 몸으로 터득하게 된다. 어린이는 대부분 근력이 약한 편이어서 언덕이나 순간적으로 속도를 높일 때 체중을 실어 페달을 밟게 되니까 말이다. 하지만 어른은 몸이 비교적 둔해졌고 이미 머리로 인식한 후에 기술을 실행하려고 하니 효과적인 댄싱이 나오기 힘들다. 자전거를 타보니 주변 사람들이 댄싱에 대한 굉장한 니즈를 갖고 있었는데, 댄싱은 약간 허세가 섞인 자전거 기술의 즐거움인 것 같다.

댄싱이 꼭 필요할까?

평소에는 체력을 100% 써서 100%의 동력을 끌어낸다면 댄싱할 때는 조금은 무리해서 자신의 체력을 더 쓰게 된다. 150의 힘을 써서 120의 동력을 끌어내어 결국 100%보다 더 큰 힘을 내는 것이다. 꾸준하게 앉아서 달리는 것이 가장 좋은 페달링이어서 사실 댄싱은 비효율적이기도 하다. 그러니 너무 집착하지 않아도 된다.

그렇다면 댄싱은 언제 필요할까?

댄싱은 짧고 높은 경사로를 오를 때, 힘 있게 댄싱을 해서 올라가 단시간에 돌파할 때 효과적이다. 또 장시간 시팅(seating, 자전거에 앉아서 중심을 잡는 것)으로 페달링을 하면 같은 근육을 반복적으로 사용하기 때문에 댄싱으로 근육을 전환하고 환기해서 근육을 쉬게 하는 역할을 할 수 있다. 댄싱은 자연스럽게 리듬을 타야 체력소모가 적으며 힘을 전환할 수 있는데, 리듬은 못 타고 댄싱만을 위해 억지로 안장에서 일어나 페달을 밟는다면 역효과가 날 수 있다.

즉, 안장에서 일어났을 때 상체가 핸들 바 쪽으로 넘어오되 핸들은 가볍게 잡고 탄력적으로 페달링을 해야 한다. 초보자의 경우 어정쩡한 자세로 잔뜩 경직되어 댄싱을 위한 댄싱을 하면 오히려 부상을 입을 수도 있다. 너무 급하게 생각하지 말자. 자전거를 오래 타면 저절로 된다. 몸이 알아서 반응하게 된다. 그 이후 자세를 꼼꼼히 교정하면 된다.

이렇듯 시팅과 댄싱을 효과적으로 섞어서 라이딩을 하면 좋은 기록을 낼 수 있다. 그러나 기록에 대한 강박에서 벗어나자. 어쨌든 우리는 너무나 본능적으로 경쟁에 임하고 있다. 그래 봐야 당신의 북악스카이웨이 기록은 2,325등… 내 앞에 누군가 항상 있다.

댄싱은 분명 매력적인 기술이지.

하지만 조심해!
이건 마치 필살기
같아서 잘못 사용하면
오히려 독이 돼!

특히 너 같은
초보에게는 더!

그렇군요.

그럼 차근차근 하나하나
친절하게 알려주세요.

좋아!
가장 중요한
몇 가지 기술을
알려주도록 하지.

라이딩 스킬

페달 잘 밟는 법

페달은 이렇게 밟는 거야!

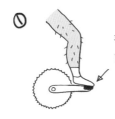

페달은 앞꿈치로 밟는다.

요기로 밟는 고양~

요기는 아니양~

요기는... 변태양?

이렇게 발바닥 중앙으로 밟으면 페달링에 힘을 실을 수 없어!

②

페달링은 밟는 것이 아니라 돌리는 것이다.

완벽한 원운동!

자연스럽게

음~

오...

페달은 앞꿈치로 밟는다.
그리고 페달은 밟는 것이 아닌
굴리는 것이다.

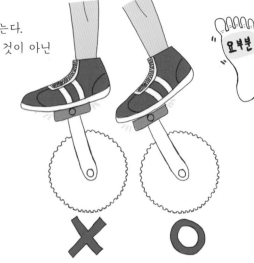

모래나 자갈이 있는
곳에서는 브레이크를
잡으면 안 돼!

브레이크를 잡으면
오히려 더 위험해지지.
위험구간에 진입하기 전에
먼저 브레이크를 잡고
속도를 줄이도록 해.

그리고
이거 중요해.

코너를 돌 때는
몸이 기울어지는 방향,
즉 진행 방향의
페달을 들어주는 것이
안정적이야!

페달이
올라감

기울림

페달이
내려감

음~
그럴구?

무게 중심은 낮게 해야 해.
다리를 벌려서 원심력에 의해
밖으로 밀려나지 않도록
해야 하는 거야.

TIP

페달은 어떻게 밟아야 하나요

페달은 앞꿈치로 밟는다. 그리고 페달을 밟는 것도 아닌 밟고 당기는 느낌보다 굴린다
는 느낌으로 움직인다. 페달링이 완벽한 원운동이 되어야 최적의 페달링이라고 할 수
있다. 물론 언덕 같은 업힐 코스를 넘을 때처럼 경사로에서는 불규칙하게 밟고 당겨
페달링을 해야 할 때도 있다. 가장 효과적인 페달링은 가볍게 원을 그리며 돌리는 페
달링이다.

오...

음~

그런데 이런 건
경험으로 익히는
것이 좋아.
너무 이론만 믿고
과감하게 타면 위험해.
처음엔 조금 천천히
달리는 것부터
시작하자.

어떤 뜻인지 몰랐는데 잘 됐군.
일단 내리막길은 무조건
정승처럼, 브레이크 잡고
천천히 내려간다!

드래프팅

이렇게 내 뒤에서 달리면
힘이 덜 들 거야!

공기 저항을 덜 받기
때문이지.

그...
그렇구나!

 드래프팅, 피 빨기··· 어떤 말인가요

자신의 앞에 라이더를 세우고 달리면 공기의 저항을 덜 받게 되는데, 이것을 드래프팅 (drafting, 일명 피 빨기)이라고 한다. '공기 저항이 있어 봐야 얼마ㅏ 있겠어?'리고 생 각했다면 크나큰 오산이다! 자전거에서 공기의 저항은 아주 크게 작용하는 요소 중 하 나다. 나의 체력으로 달릴 수 있는 거리가 50km라고 가정할 때 드래프팅을 잘 활용하 면 100km까지도 달릴 수 있을 만큼 엄청난 기술이다. 하지만 앞사람과 너무 바짝 붙 어서 달리면 돌발 상황 발생 시 위험할 수 있으니 조심하자. 상대와의 호흡도 중요하 기 때문에 모르는 라이더의 뒤를 따라가다가는 사고에 휘말릴 수도 있으니 이 역시 조 심하자.

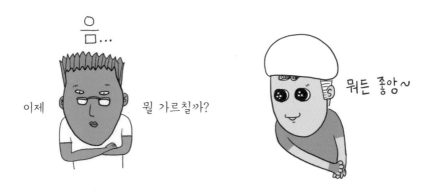

음...

이제 뭘 가르칠까?

뭐든 좋앙~

그래 그거야!

자덕 선조들에서부터 내려오던 전설의 책! '자덕서'를 너에게 줄게.

이걸 보면서 자전거를 타면 너도 곧 나만큼은 탈 수 있을거야.

네.

자~ 이거 받아.

이제부터는
이 책을 보고
공부하도록 해!

나 짤렸어.

아무래도 작가가
이제 나를 그리기
귀찮아 하는 것 같아.

지가 이렇게 못생기게
그려놓구.

라이딩 중 물 마시는 법

인간 본연의 모습으로 독서…

글뚤

책 읽을 때 못생겨지는 것은
나만 그런가…

목말라~

아니, 목이 마르면
그냥 물을 마시면 되지
물 마시는 법이라니.

유치원생도 아니고…

눈부심

전방주시

물통을 잡을 때 거꾸로 잡아서 물통을 짜 마신다.

짜 짜 짜
짜 짜

이렇게 잡고
짜 마시는 겁니다.

이런 느낌적인 느낌!

이렇게까지
마셔야 하나 싶어도,
이렇게 마셔야 시선을
잃지 않을 수 있다.

TIP 라이딩 중에 물통으로 물을 마시고 싶다면

라이딩을 하다 보면 이동 중에 음식물이나 물을 섭취하기도 하는데, 빠른 속도로 이동하다 보니 주의를 기울여야 한다. 물 마실 때는 그림에서 보는 것처럼 시야를 가리지 않도록 전방을 주시하면서 물통은 거꾸로 쥐고 세워 물통을 짜 마셔야 한다. 고개를 젖히고 물을 마시면 시야를 잃어버리는 것은 물론 중심까지 흔들릴 수 있어 라이딩 시상당히 위험한 행동이다. 그러니 이동 중에 물을 마실 때는 물통을 거꾸로 잡자. 물론 당신이 한 손을 자유롭게 놓을 수 있는 라이더여야 가능할 것이다.

라이딩 전 체크사항

자전거 구성

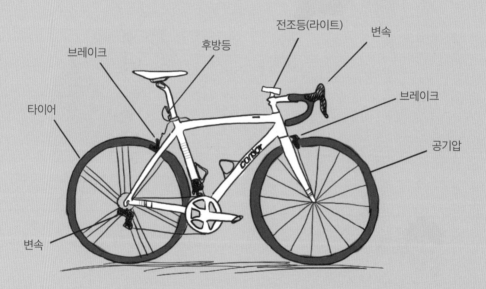

전조등(라이트)

변속

브레이크

후방등

브레이크

타이어

공기압

변속

라이딩 전 장비 점검은 필수이다. 무엇을 체크해야 하는지 알아보자.

브레이크 레버

브레이크를 잡은 상태에서 앞뒤로 밀고 당겨 제동에 이상이 없는지 확인한다.

변속레버

잠시 주행이나 거치대에 올려놓은 상태로 변속해본다.

타이어 공기압

타이어를 눌러서 적정 공기압이 들어 있는지 확인한다. 타이어 표면에 권장 공기압이 표기되어 있으며, 로드 사이클 같은 경우 클린처는 100~110, 튜블러는 110~140까지 넣는다(클린처: 보편적인 타이어. 자출족이 주로 쓴다. 튜블러: 레이싱용으로 기록 향상을 위해 주로 쓴다).

프레임 및 휠셋 균열 점검

라이딩 전후에 프레임을 닦으며 균열이 있는 곳이 있는지 확인한다.

자전거를 점검한 후 이제 내 몸을 살펴보자. 일명 옥신체크!

헬멧, 장갑, 고글

헬멧, 장갑, 고글, 전후방 등까지(야간) 모두 라이딩 필수 품목이다. 헬멧과 장갑은 계속 언급한 대로 기본적인 안전 장비이므로 2번, 3번 강조해도 지나치지 않다. 고글 또한 멋내기용으로도 쓰지만, 그 이전에 안전용품이라는 것을 기억하자. 고글은 자외선에서 눈을 보호하고 라이딩 중에 날아오는 이물질을 막아준다. 사실 달리다 보면 눈에 날파리가 들어가는 경우가 너무나도 많다.

여름철 선블록

일명 자덕 라인(옷이 재단된 선에 맞게 피부가 타는 것)이 생기는 것은 나름의 영광이지만, 우리의 피부는 소중하니까! 선블록은 덧바를수록 좋다고 한다. 백탁현상이 두렵지만 않다면……

브레이크 레버

브레이크를 잡은 상태에서
앞뒤로 밀고 당겨본다.

아껴주기

평소에 자전거를 닦으며
이상이 있는지 관찰한다.

닦고 조이고!

난 세수도
안 했지만…

나는 진짜 매일 자전거를 닦기도 했다.

 **선블록 바르기**

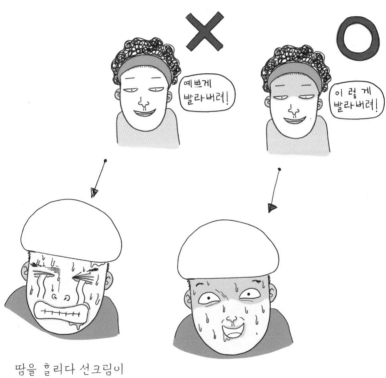

땀을 흘리다 선크림이
눈에 들어가면
매우 고통스럽다.

눈 밑에서부터 바르면
땀이 나도 걱정 없다!

특별 제작한
커스텀 의류

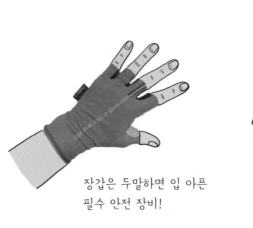

장갑은 두말하면 입 아픈
필수 안전 장비!

헬멧은 필수!

고글도 가급적 착용하는 게 좋다.
라이딩 중 이물질이 눈에 들어가는
경우가 너무 많기 때문이다.

자전거 의류인 빕숏(레슬링복이 아니다).
왠지 처음엔 부담스러운 아이템이다.
하지만 입문자일수록 필수로 챙겨야 한다.

입문자가 가장 힘들어하는
'안장통'(안장에 앉았을 때 고통)을
완화할 수 있는 아이템이 빕숏이기 때문.

엉덩이 패드가 있어
안장통이 완화된다.

클릿슈즈
페달과 신발을 고정해주는 장치로, 페달링을
효율적으로 할 수 있도록 돕는 자전거 신발이다.
적응 기간이 필요하며 자칫 위험할 수 있으므로
자전거와 어느 정도 친해졌을 때 착용하는 것이
좋다.

또한, 자전거 의류는 실제 달릴 때 모습인 라이딩 포지션을
취했을 때를 기본으로 해서 원단 패턴을 만들고 재봉한다.
그래서 평상시처럼 똑바로 서 있을 때는 비교적 불편할 수 있다.

이 정도면 기본 장비는 갖추었다고 할 수 있다.
이 중 클릿슈즈의 중요성과 유의사항에 관해
더 상세히 알아보도록 한다.

• 저자가 실제로 착용하는 장비들. 사진상 사용감이 있습니다.

클릿슈즈에 대하여

역시
신세계.

달려보면 클릿슈즈를
착용하기 전과 후의 차이가
확연히 다르다.
이래서 다들 '클릿~ 클릿~'
하는 것이었다.

자전거 장비도
엄청나게 많구나…

그럼 클릿슈즈는
언제나 옳은가?

글뚤

아니

좌로 세 번,
우로 세 번
넘어지고
총 육빠링
달성할 거야.
분명!

감당할 수
있겠니!

자빠링이 이루어지는 과정 1

자빠링 자전거를 타고 넘어진다(자빠진다).

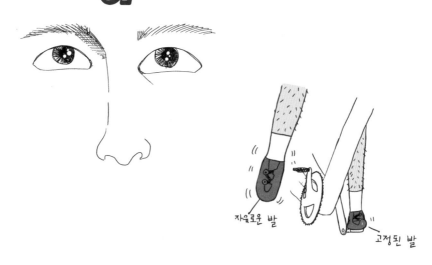

아••• 뭔가 잘못되었다는 것을 본능적으로 느끼는 중.

자유로운 발

고정된 발

응?

이거....

구나...

꽝

버둥 버둥

휘적

휘적

이것이 바로 전형적인 '자빠링'. 클릿을 뺀 반대 방향으로
중심이 쏠려 넘어지는 경우다. 어처구니 없는 일이지만
순식간에 일어나는 일이다.

자빠링이 이루어지는 과정 2

아예 클릿을 못 빼서
발생하는 자빠링인 '클빠링'.

클릿의 장력이 강하게 설정되어 발생한다.

클빠링은 다소
수치심을 동반하기도 한다.
그러나 입문자들은 십중팔구
피할 수 없는 것이기에
언제나 조심해야 한다.

심지어 이렇게 넘어질 때
신발이 페달에 걸려 있기 때문에
바로 일어나기도 힘들다.

그래도 클릿슈즈를 신으면
라이딩이 더 재미있는 게 사실!
무엇보다 멋있다.

클릿슈즈를 접하기 좋을 때는?

클릿슈즈에 대한 선호도는 개인차가 있겠지만, 나의 경우는 반반이다. 클릿슈즈를 착용한다는 것은 더 재미있고 조금 더 전문적으로 자전거에 접근할 수 있는 경계점이라 생각한다. 그렇지만 굳이 없어도 자전거 자체를 즐기기엔 전혀 부족하지 않다.

나는 자전거 입문 후 약 2년 차 때 클릿슈즈를 접했다. 클릿슈즈는 페달링의 효율을 높이고 밟는 힘과 끌어 올리는 힘까지 모두 쓸 수 있어서 밟는 힘 70%, 끌어 올리는 힘 30%이라는 말까지 유행했던 때도 있었다. 정확한 근거는 없지만, 일반적인 견해였다. 틀린 말도 아니고, 무조건 맞다고도 볼 수 없는 말이다. 클릿슈즈는 페달과 내 발을 붙여주는 신발이다. 그만큼 페달링의 효율은 높여주지만, 위험한 것도 사실이다.

요즘은 클릿슈즈 입문까지의 기간이 짧아진 편이다. 그만큼 자전거를 타는 사용자가 더 고급화된 스포츠의 영역으로 접근하고 있는 것이다. 흔히 클릿슈즈 입문은 3빠링을 해야 한다고 한다. 클릿슈즈를 장착하고 최소 3번은 넘어진다는 뜻인데, 대부분 아차 하는 순간에 넘어진다. 3빠링의 법칙을 피해간 사람은 아직 단 1명도 본 적이 없다. 그러니 3빠링이 각오가 되어 있다면, 클릿슈즈에 도전해도 좋다.

그럼 이제 진짜로 라이딩을 떠나 보자!

3빠링 클릿슈즈를 신고 3번은 넘어진다(자빠진다).

도로에서 라이딩하기

출발

혼자 탈 때는 모든 것을
내가 판단하고 선택해야 한다.
목적지는 물론이며 지형지물 등을
언제나 신경 써야 한다.

집중!

도로에서는 어떤 일이 발생할지
아무도 모른다.
이런 동물이
출몰하는가 하면…

이런 개

역주행하는 누군가와도
마주칠 수 있다!

가끔은 뜻밖의 만남을 통해서
새로운 인연을 이어가기도 한다.

또 달리다 보면 지나다니는 차량의
위협을 받기도 하고 또 내가 보행자를
위협할 때도 생긴다.

사방이 위험 천지로군.

이렇게 이불 밖은 위험하다.
그러니 서로가 조심하고 양보하자.

그래! 이렇게 달리니까
얼마나 좋아!

자전거는 맨 끝 차선 가장자리에서
달려야 한다. 차량도 라이더와의
측면 거리를 최소 1.5m 간격으로
유지해야 한다.

* 고속도로나 이륜차 통행이 금지된 곳은 자전거로 달릴 수 없다. 그리고 차도를 이용할 때는 맨 끝 가장자리에서 주행해야 한다.

 이곳이라면 조금 더 안전하게 달릴 수 있어요!

- 자전거 전용도로: 분리대 등의 시설물을 설치해 차도, 보도와 구분된 도로이다.
- 자전거 전용차로: 차도에 차선, 노면 표시, 안전 표지판을 설치해 차도의 일정 부분을 자전거만 통행하도록 했다.
- 자전거 우선도로: 차도의 일부에 노면 표시를 하여 자전거와 차가 함께 다닐 수 있다. 차량과 자전거 사이에서는 안전거리 확보 필수!
- 자전거보행자 겸용도로: 경계석 등으로 구분해 차도와 별도로 설치되었으며 자전거와 보행자가 함께 통행할 수 있는 자전거 도로.

그렇구나
그랬어...

자전거도 도로를 달릴 수 있었구나.
그동안 수많은 운전자의 눈치를 보며 달렸지만
이제는 전용도로에서 당당하게 달릴 수 있겠어.

그렇게 나는 혼자 자전거를 타며
수많은 시간을 보냈다.

원가
넘나
자유
로웠다.

그러던 어느 날, 자전거 크루의
중급 벙개에 참석하기로 했다!

벙개 참석
클릭

중급 벙개(번개)
뜻이 맞는 사람들끼리 근시일 내에 약속을 잡고 만나는 것. 여기서 말하는 중급 번개는
대체로 평균 속도 30km/h 전후, 거리는 80km 이상 타는 사람들의 모임이다.
자전거 커뮤니티 특성에 따라 초급, 중급, 고급이 다르므로 참고한다.

약속당일

전문가 느낌

굉장히 부담스럽게
모여들 있군.

우린 눈도 마주치지 않은 채 인사했다.

안녕하세요

날 보고 있는 건가?

반갑습니다

다오셨으니 출발하시죠!

TIP 여럿이서 자전거를 탈 때 무엇을 주의해야 하나요

자전거를 혼자서 탈 때는 나만 잘 타면 되기에 부담감이 적다. 나의 컨디션과 속도를 가늠할 수 있어서 때로는 더 과감하고 자유롭게 탈 수 있다.

반면, 여럿이서 탈 때는 조금 다르다. 일명 그룹 라이딩(떼 라이딩)이라고 한다. 라이딩 인원이 많아지면 신경 써야 할 부분이 많아진다. 전방에 요철 부분이나 기타 노면 상황, 신호, 기타 등등을 나뿐만 아니라 뒤에서 달리는 사람에게 알려줘야 하기 때문이다.

그룹 라이딩이 좀 익숙해지면 라이더들끼리의 간격은 더 좁아지게 뇌는데, 그럴수록 전방에 어떤 상황이 펼쳐지는지 뒷사람은 전혀 알지 못한다. 그러므로 전적으로 앞사람의 수신호에 의지할 수밖에 없다.

만약 그룹 라이딩이 처음이라면 가능한 중간 부분에서 달리는 것이 무난하다. 맨 뒤에서 달리면 수신호를 하지 않아도 되기 때문에 편안한 반면, 체력소모가 크다. 그룹이 길어질수록 달리는 속도는 들쑥날쑥할 수밖에 없어서 라이딩 간격을 유지하려면 맨 뒤에서 달리는 라이더는 속도 역시 들쑥날쑥해져 체력소모도 커지기 때문이다.

뭐지?
뭘 자꾸 하고 있는데?

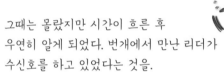

그때는 몰랐지만 시간이 흐른 후
우연히 알게 되었다. 번개에서 만난 리더가
수신호를 하고 있었다는 것을.

저 양반 엄청나게
정신이 없구만...

수신호인지 몰랐던 그때를 생각하면
볼일 보다가도 민망하다.

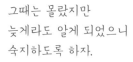

그때는 몰랐지만
늦게라도 알게 되었으니
숙지하도록 하자.

그 당시 내 뒤에 있던 라이더들에게
위로의 말을 전한다.

꼭 알자! 라이딩 수신호

수신호는 자전거 간의 수신호와 차량과 함께 도로에서 사용하는 수신호가
있다. 일반적으로 라이더들은 자전거 수신호만을 이용하지만, 도로에서
차들이 이용하는 수신호도 알아두면 언제 있을지 모르는 상황에 대응하기
쉬울 테니 알아두자. 손이 자유롭지 않은 라이더나 손을 놓을 수 없는
상황에서는 핸들을 잡은 채 팔꿈치를 펄럭이거나 직접 구호를 외치는 등
말로 알려줘도 된다.

천천히.
서행해요

정지하세요!

여기 위험하니
조심해요

위험해요.
핸들을 꽉 잡으세요!

좌회전합니다

우회전합니다

도로에 위험한
구멍이 있어요

오른쪽으로
붙어서 달려요

왼쪽으로
붙어서 달려요

1줄로 달려요

2줄로 달려요

누군가와 같이 탈 때는
이렇게 기본적인 수신호를
반드시 숙지해야 한다!

앞에서 본 수신호는 자전거끼리의 수신호이다. 아래는 차량과 소통할 수 있는 차량 공통 수신호이다. 수신호는 전방 30m 전부터 하고 앞지르기 할 때는 앞쪽의 자전거나 보행자에게 추월할 것을 미리 알린다. 운전자 기준이므로 모두 왼손을 사용하여 보낸다.

차량 공통 수신호

좌회전   우회전

정지   앞질러가세요   서행

라이딩 후 리커버리

이렇게 수신호만 알고 있어도
그룹 라이딩을 할 때
훨씬 안전하게 할 수 있다.

그럼, 라이딩이 끝난 후에는
어떻게 마무리하면 좋을까?

오늘도 무사히 안라를 도우시고~
무(無)낙차를 통하여 은혜를 베푸시니
역시 주님은 나의 베프!

안라
안전한 라이딩.

무낙차
낙차가 없었다. 즉 안전하게 무사히 탔다는 뜻.

물론 기도도 좋지만,
습관 하나만 들여놓으면 더 좋습니다.

그 습관은 바로~

TIP

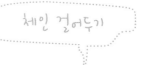
체인 걸어두기

라이딩을 마치고 나서
자전거는 이렇게 보관하자!

체인을 가장 작은 기어에
걸어두는 게 좋다.
앞 크랭크도, 뒤 스프라켓도
제일 작은 기어에 걸어두자.

그 이유는 기어 케이블을
느슨한 상태로 하기
위헤서인데, 이렇게 보관을
해두면 케이블이 늘어나는 것을
완화할 수 있다.

자전거 보관 시에는 기어의 위치가 중요하다. 라이
딩 후 기어를 정리하지 않고 그냥 보관하면 변속 케
이블이 늘어나게 된다. 기어는 앞의 크랭크와 뒤의
스프라켓의 톱니를 모두 제일 작은 톱니에 체인을
걸어두는 게 좋다. 물론 이렇게 하지 않는다고 자전
거에 아주 치명적인 손상을 주는 건 아니지만, 자전
거를 더 사랑해주는 습관이다.

그리고!

장거리 라이딩 중에는
에너지가 바닥나지 않도록
보충하는 것이 중요하다.

촙촙

봉크나면
끝장이야...

라이딩 중 에너지 보충

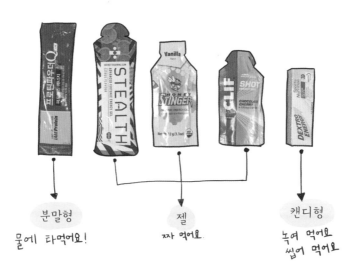

분말형
물에 타먹어요!

젤
짜 먹어요.

캔디형
녹여 먹어요
씹어 먹어요

만약 보충 타이밍을 놓치게 되면…

당해보지 않은 사람은 모른다.
온몸에 힘이 쭉 빠지는 그 느낌.

내 육신이 땅속으로 스며들어
한 줌 신흙이 될 것만 같은 그 느낌.

이렇게 몸이 퍼지게 되면 답이 없다.
바로 라이딩을 중단하고
복귀하는 것이 좋다.
아쉽지만, 다음에 잘 타면 된다.

그러니까, 공복에 장거리 라이딩은 조금 위험하다.
잘 먹고 충분히 에너지를 보급한 다음에 타자.

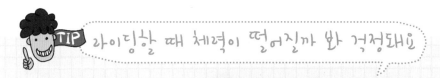

TIP 라이딩할 때 체력이 떨어질까 봐 걱정돼요

보충과 리커버리는 라이딩에서 아주 기본으로 챙겨야 할 것들이다. 짧은 라이딩을 할 때엔 그다지 필요하지 않을 수 있어도 체력적으로 데미지가 큰 라이딩을 했을 경우는 보급과 리커버리는 매우 중요하다.

달리는 사람 각각의 체력에 따라 다르지만 약 100km 장거리 라이딩 시, 보통 1시간당 보충 젤 1개를 섭취하는 것이 좋다. 물론 꼭 이런 형식의 스포츠 뉴트리션을 먹을 필요는 없다(식사해도 좋다). 다만, 라이딩 중 체력이 언제 떨어질지 모르니 그것을 방지하는 차원이다. 또, 라이딩이 끝난 후 30분 이내에 음식물을 섭취하는 것이 최적의 리커버리 타이밍이다.

자전거 탈 때의 마음가짐

자전거는 아주 정직한 운동이다. 특별한 기술보다는 성실함이 가장 큰 요소가 될 수 있다. 흔히들 마일리지를 쌓으라고 하는데, 이 역시 바로 성실함을 강조하는 것이다. 근육질 몸매의 헬스 보이보다 하루 30km씩 꾸준하게 자출(자전거로 출근)하는 배가 볼록한 아저씨가 훨씬 자전거를 잘 탄다는 것이다. 성실함이 바탕에 깔려야 그다음부터 자전거 스킬을 습득하기 쉽다는 말이다.

그러나 운동은 타고나는 것. 노력은 고작 한 스푼!

체형에 따라 노력으로도 극복할 수 없는 코스가 있다. 우리는 단지 최선을 다하면 된다. 몸을 혹사하면서까지 몰아붙이지 말자. 자전거 선수가 아니라면, 당신의 체력이 감당할 수 있는 고통까지만 그 고통이 즐거울 때까지만 몰아붙이자.

자전거는 즐기면서 타야 하고 타면서 배워야 한다. 지금 자전거 고수가 된 사람들은 어떻게 해서 잘 타게 되었을까? 프로 선수를 제외한 고수들은, 그냥 오래 탔을 뿐이다. 그저 오래 타면서 즐기는 게 가장 잘 타는 것이고 진짜 잘 탈 수밖에 없다.

가끔 안타까운 생각이 들 때가 있다. 입문과 동시에 사이클 교육센터에서 자전거를 배우고 모두 불태워버린 후 열정까지 소진한 라이더들을 볼 때다. 그들은 자전거를 즐기는 것도 속성으로 끝내버리는 경우가 많다. 조금만 천천히 가자. 천천히 자전거를 음미하면서 탈 필요가 있다. 자전거는 평생 내 옆에서 항상 생활처럼 붙어 있길 바란다. 마치 우리가 매일매일 걷듯이.

PART 3

에티켓과
애티튜드

라이더의 올바른 자세

난 언제부터 이 즐거운 개미지옥에 빠졌던 걸까?
그래 맞아. 그때였어. 진정한 자덕이 되었던 때…….
머리도 자전거 타기 좋게 다듬고, 약속 장소에 갈 때도 자전거를 타고,
회사 출근도 자전거와 함께!
그것이 바로 자덕의 길.
자덕 창세기. 영어로 자r~덕! 제네시스!

2007년, 때는 나의 초보 시절.

자전거 타러
나가야지 ~

씬나

나가기 전에 헤어 정리 좀 하고!
샤기컷에 맞는 무광 왁스를
느낌 있게 발라준다.

눈이 나쁘지는 않지만, 멋 내기용으로
동그란 도수 없는 안경을 착용했다.
방풍 효과도 있고 뭔가 자연스러운,
멋져 보이는 느낌인 거지…

오! 패션피플 느낌.

ㅋㅋ

세련된 삐침머리

아이~
댄디해~

완벽하다!
지나가는 여자들이 아주
눈을 못 떼겠어~

자신감 100%

나의 첫 자전거
귀요미 국산 미니벨로.

슈~

불꽃페달링!

촤~
촤~

자신이 지금
멋지다고 생각 중…

그날 바람이 참 강했다.

음…
왁스가 이렇게나
위험한 거였다니.

아주 슈퍼 싸이언을
만들어놨네.
자전거 탈 때 왁스를
바르면 안 되는구나.

후훗

그래서 그다음부터는
모자를 쓰고 라이딩했다.

이제 별일 없겠지

패션과 기능!
두 마리 토끼를
모두 잡겠다.

이제 걱정없다
(고 생각했다).

또 다시

불꽃페달링!

촤~
촤~

이제 걱정 없다.
또다시 불꽃 페달링!

이번에는
맥 라이언 머리가 되네?

맥 라이언을 모른다면 어쩔 수 없지만
나의 감성은 딱
맥 라이언을 향하고 있었다.

그렇게 난 수십 번의 라이딩을 통해
구레나룻과 뒷머리의 불필요함을 깨달았고
과감하게 털어내기 시작했다. 털ㄴ업

구레나룻이 없으니
조금은 우스꽝스러워
보이긴 했는데…

자전거를 탈 때는
아무리 달려도 문제가 없었다.

오!
좋아

그 스타일에 파마를 하니까
헬멧을 썼다가 벗어도
나름대로 컬이 살아 있어
우스워 보이지 않았다.

그렇게 나는 자전거에 나를 맞추고 있었다.

자전거 또한 여러 번 기계 변경을 했다.
그만큼 나는 더욱 깊게 자전거에 빠져들었다.

쫄쫄이 의상은
내 피부와 하나가 된 듯했다.

난 늘 자전거를 타고 다녔다.

쫄쫄이
벗고 다시
보자!

흥칫!
나쁜놈!

늘어

그래도 난 외롭지 않아.

라이딩이나
갈까….

그렇게 나는
점점 사회와 단절되었다.

절대 친구가 없어서 이러는게 아니야

그러던 어느 날

어머

이게 뭐람?

멋있따!

호우! 호우!

반짝 반짝

매끈해

무모증인가…

그러고 보니까 사이클 선수들은
다들 (털 없는) 매끈한 다리를 보유하고 있었다.

why? 왜?

사이클, 무모증. 왜?

검색

매릭

털

뭘까?

에어로 효과
자전거를 탈 때 공기 저항을 덜 받는 것.

에어로 효과 때문이었다. 부상시 치료가
용이하고 마사지도 쉽다. 그리고 무엇보다
사진이 예쁘게 나오며 촉감이 좋다.

그러고 보니 자전거를 타면서 마주친 행인들도
어쩐지 내 다리털을 싫어하는 것 같았다.

그럼다면 망설일 이유가 없지.
털은 쓸모도 없고
나는 지금 할 일도 없잖아.

작업을 시작하자!
설렌다.
나의 첫 제모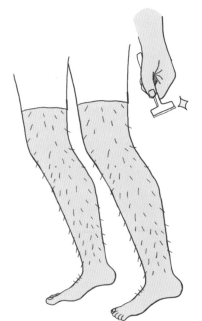

다소곳

일단 다리에
비누칠을 하고!

SSG!

스~읏~

그런데 생각처럼 스무th하게 안 밀려…
금세 면도날에 끼어버리는 털로 인해
면도기가 5cm 전진하기도 힘들다.
털은 생각보다 강한 녀석이다.

그렇다면…

한 방에 가보자…

화끈하게!
뜨겁게!

나는 뜨거운 남자!

이렇게 작은 불빛이지만
끝내 승리하리라.
오늘은 나의 역사에
기록될 것이다.

이것이 라이터 혁명.

쫄지 마…
금방 끝날 거야

이렇게
당황하지 않고
천천히
라이터와 털의
만남을
성사시켜주면

으악!

펑

생각했던 것보다
너무 엄청난 속도로
털이 타들어갔다.
잘못했다가는
다른 곳까지
타들어가겠어…
거긴 안 돼…

이건 안 되겠다.

그래서 생각한 게 고기 구워 먹을 때 쓰는
가위로 초벌 작업을 하는 것이다.

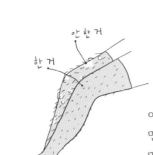

안 한 거

한 거

이렇게 털이 짧아지면
면도기도 잘 나가게 된다.
마치 듀라 에이스처럼 부드럽지…

이것이 바로
사이클리스트의
애티튜드!
자덕의 길!

그때부터였다.
자덕으로 인정받은 듯한 느낌.
리.얼.자.덕.

진정한
리얼
사이클리스트
바로 나!

누구 앞에서도
당당한 나!

나 보기도 좋고 남 보기도 좋고

사이클 프로선수들은 제모를 해서 다리가 아주 반짝반짝하다. 제모하는 이유는 부상 시 상처 치료가 쉬우며, 레이스를 마치고 나서 마사지하기도 좋기 때문이다. 미세하게나마 공기의 저항을 덜 받을 수 있으니 기록 향상에도 도움이 될 수도 있다. 처음에는 나도 고민했다. '털까지 밀어야 하나?' 생전 생각해본 적이 없어서 유난스러운 건 아닐까 했지만, 막상 밀어보니 매끄러운 다리가 너무 좋다.

그리고 자전거를 타지 않는 사람에게도 간단히 조사를 해본 결과, 사이클복에 털이 많은 것보다 만질만질한 다리인 것이 보기 좋다고 한다.

제모 제품은 시중 뷰티숍이나 약국 등에 많이 있다. 테이프 형식도 좋고 크림 형식으로 발라서 녹이는 제품도 있으니 각자 취향에 맞게 선택하면 된다. 나는 면도를 고집하고 있다. 이 행위가 자전거 타기 전 하나의 의식을 치르는 것과 같이 성스러운 느낌이랄까?

자전거 '덕후'의 일상

응! 알겠어!
거기에서 보자.

라면 먹고 얼른갈게!

자
자
잔

리얼
자덕
라인

어느덧 나도
자덕 라인을 갖게 되었다.

갑자기
뭔 소리야!

또

자덕 라인
앞 장에서 피부 색조가 다채로웠던, 자전거 잘 타는
형이 갖고 있던 바로 '그 라인'(토시가 아니다).

111

사실 이 자덕 라인은 선블록으로
어느 정도 방어가 가능하지만
일부러 더 티나게 태닝 라인을
맞추기도 한다.

라인을 맞춰야 한다.

잘못 맞추면
그라데이션이 생긴다.
그라데이션은 왠지
폼이 안 나지.

준비 끝!

칼 세팅

다리도!

양말도

오늘은 어디갈까?

사실 목적지는 중요하지 않다.
내가 지금 자전거를 타고 있는 것이
중요할 뿐.

나를 이상하게 보던 친구들도
점차 나를 이해해줬다.

너에게 딱 맞는 제품이
있는데 한 번 볼래?

자전거
전도 시작!

이렇게 좋은 자전거를
친구와 함께 즐기면 좋잖아?

…

물론 쉽게 넘어오지는 않는다.

일단 구경만 해.
짱 멋진데 초쿨매라서
아까워서 그래~

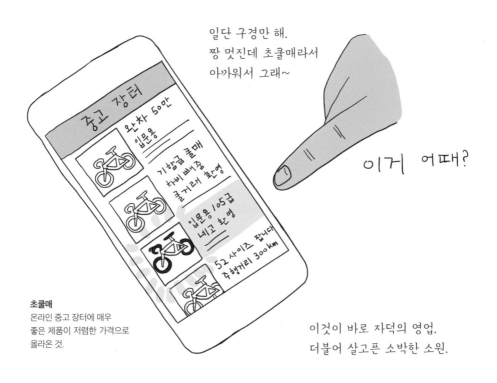

이거 어때?

초쿨매
온라인 중고 장터에 매우
좋은 제품이 저렴한 가격으로
올라온 것.

이것이 바로 자덕의 영업.
더불어 살고픈 소박한 소원.

역시 전도는
쉽지 않다…

하지만 이것이
자덕의 길

오늘은 여기까지!
나 먼저 간다!

나의 자전거 전도는
계속된다.

재…
왜 멋있는 척 하는 거지…

뭔가 사람들의 시선이 느껴진다.
내가 멋있어서 그런가?

안 덥나?

오늘 쫄쫄이가
특히 잘 어울리나보군.

이걸로 코디하길 잘했어!

별스타그램에 올려야지.

#일상 #라이더의시선 #목적지는없다 #다만멈추지않는다

쇼윈도에 비친 내 모습.
뭔가 자유롭고 젊음이
느껴지며 21세기 라이프
스타일을 선도하는 그런
세련된 감성이 돋보이는군.

초보 라이더를 위한 자전거 다루기

반포 한강공원

달리다보니
여기까지 왔네…

역시 사람이 많군!

본능적으로
자전거 타는 여자는
눈에 띈다.

혼자 왔나?

다른 뜻이 있는 건
아니고…

이런 자전거 학대자.
참을 수 없다!

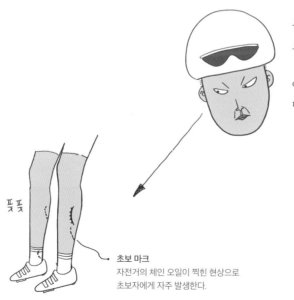

음, 역시 그랬어.
초보 중의 초보인 것이다.

어쩐지 자전거를 소중히
다루지 않더라니.

초보 마크
자전거의 체인 오일이 찍힌 현상으로
초보자에게 자주 발생한다.

일단 자전거는 그렇게
내팽개치면 쉽게 망가져.

자전거를 바닥에 놓을 때는 누울 자리를 보고
자전거 구동계의 방향을 하늘을 향하도록 눕혀야 한다.

이렇게 구동계가
하늘을 향하게

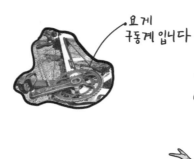

요게
구동계 입니다

만약 구동계가 바닥을 향하게
눕히면 드레일러가 바닥을
지지하게 된다. 그러면 헹어가
휘어지거나 변속트러블이
생길 수 있으며 드레일러에도
흠집이 생긴다.

그러니까 자전거를 눕힐 때는
무조건 구동계가 하늘을 향하게
눕히면 된다.

자전거를 올바르게 거치하자

생활형 자전거 외에 보통 우리가 타려는 자전거를 보면 스탠드가 없다. 자전거의 성능을 높이기 위해 불필요한 부품을 최대한 배제했기 때문이다. 자전거에 처음 입문하는 사람이 놀라는 지점이기도 하다. "당연히 있을 줄 알았는데 자전거를 세우는 게 없다니"라고 말이다.

자전거를 벽에 기댈 때는 안장과 핸들 바가 모두 벽에 닿게 기울여서 안정적인 자세로 세워두는 게 좋다. 바닥에 눕힐 때는 크랭크와 드레일러(derailleur, 변속기)가 하늘을 향하도록 반대쪽 면으로 눕혀야 한다. 크랭크와 기어 쪽으로 눕히면 충격이 가해져 변속 트러블은 물론, 최악의 경우 행어가 부서지거나 휘어질 수 있기 때문이다.

자전거 장비에 대하여

거봐! 나잘해!

땅땅

땅땅

또 알려줘!

초롱 초롱 반짝 반짝

예를 들면 TIP같은 거!
나는 아직 초보인데
너무 초보처럼 보이고 싶진 않고,
그래서 장비 빨 세워보고 싶은데
뭘 사야 할지 모르겠어.

…음…

뭐가 있을까!

사실 장비는
자전거 운동능력에서
그리 중요하지 않다.

물론 좋은 게 좋지만,
중요한 건 엔진!
바로 두 다리와 심상!

장비 빨은 무엇에 초점을 두느냐인데 크게 두 부류로 나뉜다.
'패션파'와 (리얼)'장비파'!

패션파

신체에 착용하는 것에
좀 더 투자하는 편

장비파

자전거의 성능을 높이거나
트레이닝 데이터 장비에
투자하는 편

우벡스 헬멧

우벡스
고글

펠라사이클 쪽모자

펠라
사이클
울져지

펠라사이클
장갑

펠라사이클
빕숏

스파이어 클릿슈즈

PRO 카본 헨들바

PRO 전립선 안장

듀라에이스
STI 레버

와후 엘리먼트 속도계

듀라에이스 크랭크

듀라에이스
카본 휠셋

하지만 이 둘은 결국 하나의 끝을 향해 달린다.
결론은 다 사고 만다.

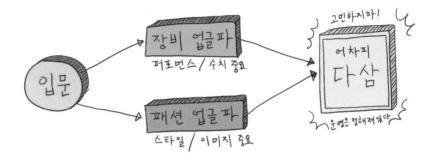

장비의 중요성은 백 번을 강조해도 부족함이 없지만
기본 장비인 '헬멧, 고글, 장갑, 자전거 의류, 클릿슈즈'만 갖추면
더는 크게 필요는 없다.

그 다음부터는
진짜 허세 70. 기능 30.

라이딩 실력에 비례하는 자전거 장비

자전거를 타면 좋은 장비가 확실히 좋다는 것을 느낄 수 있다. 장비들의 가격대가 올라가면 미세하게 성능이 개선되고 이와 함께 디자인도 훌륭해진다. 프로 선수들처럼 1/1,000초를 다투는 레이싱이나 엄청난 장거리를 달려야 할 때는 이런 섬세함과 미세한 무게 차이가 라이더의 컨디션에 큰 영향을 줄 수 있지만, 일반적인 라이더의 경우는 큰 차이가 없긴 하다.

자전거는 그저 엔진! 바로 내 다리의 힘! 심폐기능! 마인드 컨트롤! 이것으로 장비 스펙을 뛰어 넘어볼 만하다. 다만 감성이 조금 부족할 뿐.

요즘은 자전거 입문과 동시에 고가의 자전거와 의류들을 구매해 일명 '풀 세팅' 하는 경우가 많다. 물론 어떤 면에서는 이득일 수 있다. 한 번에 크게 지출하고 오래 타는 것. 애매한 제품을 사서 괜히 마음이 불편하고, 아쉽고, 멋없게 타는 것보다는 그게 낫다. 하지만 자전거를 탈수록 실력이 늘듯이 자전거 성능도 라이더가 체감하려면 실력과 함께 차근차근 올라가야 한다. 그 단계를 차곡차곡 밟고 올라가지 않으면 나의 자전거 실력이 어떤 식으로 좋아졌는지 잘 깨닫지 못할 가능성이 크다.

사실 자전거 부품 하나하나를 업그레이드하는 자체가 라이더로서 큰 재미인데, 바로 최고급 제품으로 무장하면 이 재미도 건너뛰게 되는 것이다(물론 좋은 게 좋다는 전제는 변하지 않는다). 그러니 본인의 실력과 이에 맞는 제품들을 선택하는 것이 어떨지 고민해보는 것이 좋다.

장비를 잘 다루기 위해서는
장비에 대한 사랑이 우선.
좋은 장비와 자전거를 갖추고 있으니
이제부터는 관리를 하면 된다!

아까처럼 자전거를
바닥에 내팽개치면 안 돼.
자전거는 생각보다
예민한 제품이란 말이야.

아기 다루듯이
아껴주고 사랑해줘.

내 자전거를 아끼는 방법!

자전거는 그야말로 '잘 닦아주기'만 해도 90점은 줄 수 있다. 그리고 이상한 증상이 생
기면 전문가에게 맡기자. 환자는 의사에게! 자전거는 정비사에게! 사소한 정비는 본인
이 할 수 있으면 좋지만, 자전거 역시 엄연히 전문 분야이다. 전문 정비사에게 맡겨서 진
단을 받는 것이 자전거를 진짜 아끼는 방법이다. 자가 정비하는 것 역시 또 하나의 즐거
움일 수도 있지만, 마음 편하게 더 재미있게 자전거를 타보자.

그리고 라이딩을 다녀오면
잘 닦아주면 돼.

자전거 체인 더러운 것 꼭 확인!

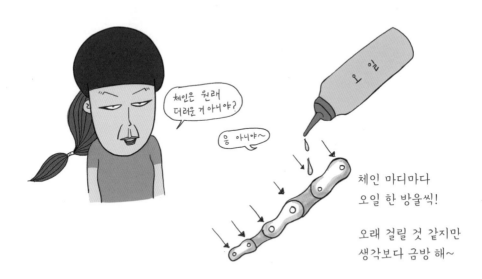

체인은 원래
더러운 거 아니야?

응 아니야~

체인 마디마다
오일 한 방울씩!

오래 걸릴 것 같지만
생각보다 금방 해~

체인 오일의 종류와 주유하는 방법

체인 오일에는 건식 오일과 습식 오일이 있는데, 기본적인 윤활 기능은 같다. 건식 오일은 체인의 점도가 약해서 먼지나 흙이 비교적 들러붙지 않아 구동계를 깨끗하게 사용할 수 있지만, 주유 간격이 짧고 단거리 라이딩에 적합하다. 습식 오일은 건식과 반대로 점도가 높고 윤활 기능이 강력하여 구동계를 더 부드럽게 하지만, 먼지나 흙의 오염 가능성이 높다. 우천 시 체인 오일이 씻겨 내려가는 것을 방지하고 주유 간격도 비교적 길기 때문에 습식 오일은 장거리 투어 때 쓰면 좋다. 요즘은 건식 오일을 더 많이 쓰는 추세이지만, 자주 닦아주고 주유한다면 종류는 무관하다.

체인 오일 바르기

- 라이딩 전후 발라주면 좋다.
- 오일을 바르기 전에는 체인을 마른 헝겊으로 먼저 닦고 오일을 체인 마디마다 한 방울씩 떨어트린다.
- 주유 후 깨끗한 마른 수건으로 체인을 한 번 더 닦아서 오일이 흐르지 않도록 한다.

주유하기 전에 먼저 깨끗한 헝겊으로 체인을 닦는다. 헝겊으로 체인을 쥐고 페달을 뒤로 돌리면서 체인을 닦으면 된다.

체인에 묻어있던 이물실을 제거한다.

체인 사이에 끼인 흙을 제거할 때는 칫솔이나 면봉을 이용하면 효과적이다.

이물질을 제거한 후, 체인 마디마다 오일을 한 방울씩 주유한다. 주유를 마치면 기름이 흐르지 않도록 마른 헝겊으로 한 번 더 닦아준다.

주유가 끝나면 체인에서 윤기가 난다.

이렇게 다 자기가 알아서 해야 하는 거야?
난 자전거 정비는 할 줄 모르는데.

자전거 정비는
전문가에게 맡겨!

오! 어디다가 맡겨?

네가 자전거를 샀던 장소?

거긴 좀 멀어서
가기 귀찮더라고.

그래?

이참에 전문적이면서
멋지기까지 한 정비사가 있는
곳을 추천해주는 건 어때?

없어!

자전거 숍 선택하기

나의 소중한 자전거를 검증되지 않은 곳에 맡길 수는 없다. 어떤 자전거 숍이 좋을까? 인터넷에 검색을 해보면 다양한 정보들이 쏟아진다. 그중에는 좋은 자전거 정보도 있고 '야매'라고 불리는 정보들도 넘친다. 이름 있는 정비사(미케닉)이 있는 숍, 자전거가 펑크 나는 바람에 우연히 지나가다가 만난 숍 등 여러 자전거 숍을 다녀본 결과 느꼈던 바는 이렇다.

"자전거 정비는 미케닉의 재량이 어느 정도는 필요하다. 절대적인 곳은 없다."

그럼 어떻게 자전거 숍을 골라야 할까?

방법 1 | 사장님의 자전거를 꼼꼼히 본다. 사장님이 어떤 자전거를 타는지 보면, 해당 숍의 성격과 사장님의 스타일도 보인다. 사장님이 자전거를 타지 않거나 숍에 아동용, 생활형 자전거가 주를 이루고 있다면 아무래도 MTB나 로드바이크에 대한 이해는 조금 떨어질 수 있다. 이런 곳에 의외로 재야의 고수가 있는 경우도 있지만, 아무래도 내 자전거와 같은 장르의 자전거를 보유하고 있는가 가게의 주력 품목은 무엇인가 파악해서 선택하면 실패 확률은 줄어든다.

방법 2 | 마음에 드는 숍을 발견했다면, 인터넷에 검색해본다. 실력, 가격, 친절함, 심지어는 사장님의 성격까지 알 수 있다. 요즘은 규모가 작은 숍도 블로그나 SNS 등을 이용해서 홍보하고, 정보를 게재한다. 온라인 마케팅까지 하는 숍은 여러모로 힘쓰고 있다는 뜻도 되니 어느 정도 신뢰가 갈 것이다.

방법 3 | 숍을 선택해서 정비를 받은 후, 결과가 만족스럽다면 그다음부터는 믿고 쭉 이용한다. 그곳의 미케닉을 믿는 순간 다른 숍에서 정비를 받게 될 때, 대부분은 불만족스럽거나 애매한 경우가 발생한다. 미케닉의 재량에 따라 세팅 방법이 바뀌는 차이라고 볼 수 있다. 내 손에 이미 익은 세팅을 굳이 바꿀 필요는 없다.

방법 4 | 검색을 통해 가장 유명한 곳을 찾아가는 방법도 있다. 그러나 자전거의 치명적인 문제나 대공사가 아니라면 집에서 가까운 숍에 찾아가는 것이 시간도

절약되고, 내 몸도 편할 것이다. 우리의 시간은 아주 소중하니까!

A 업체에서 자전거 정비를 받은 후 B 업체에 자전거 정비를 받으러 갔을 때,
"이거 어디서 이렇게 정비하신 거예요? 엉망이네요"라고 하는 경우가 있었다.
터무니없게 세팅하는 잘못된 곳도 있지만, 위의 A와 B는 이름난 곳이었다.
이런 부분이 바로 미케닉의 재량이고 스타일일 것이다. 그러니 너무 집착하
지 말고 미케닉을 믿고 존중하자.

정비할 숍을 고를 때는
사장님과의 소통이 중요하다.
주변 의견에 너무
휩쓸리지 않는다.

물론 실력이 없는 정비 숍도
있지만, 기본적으로 내가
자전거를 산 그 숍이라면
자전거와 나의 히스토리를
알기 때문에 정비를 받기가
더 수월하다.

 그런가?  응.

너무 어렵게 생각할 필요는 없어!

알겠어.
그럼 나 정비 받으러 간다!

  잠깐.

혹시 옷 빨래는
어떻게 하고 있어?

너의 옷은
이로써 짝퉁이 되었어……

사이클 의류 세탁 방법

사실 모든 기능성 의류는 세탁하지 않는 것이 가장 좋다. 세탁할수록 기능이 저하될 수밖에 없기 때문이다. 그러나 땀으로 범벅이 된 옷을 어떻게 세탁하지 않을 수 있을까? 그래서 사이클 의류 세탁은 다른 기능성 의류처럼 '손세탁'을 원칙으로 한다. 의류마다 가진 기능이나 섬유 자체의 코팅 소재가 세탁하면 할수록 떨어지므로 손세탁으로 기능 저하를 최소화하기 위함이다. 뿐만 아니라 사이클 의류의 경우 허리나 팔목 밴드의 실리콘, 안전을 위한 리플렉터, 원단의 손상, 제품 브랜드 로고가 떨어져 나갈 우려도 있어 손으로 세탁하는 것을 더욱 권장하고 있다.

손세탁이 매우 귀찮다면 그냥 세탁기에 넣고 세탁 시간을 최소로 설정하여 세탁하자(단, 리플렉터(반사판)가 붙어 있거나 브랜드 로고가 접착제로 붙여져 있는 경우는 조심히 손빨래하는 게 좋다). 세탁기로 세탁해도 옷이 크게 변형되지는 않는다. 다만 권장사항이 아닐 뿐. 선택은 자기의 몫!

수차례 세탁으로 인해 리플렉터가 손상된 모습.

세탁할 때는 항상 지퍼를 잠그고 해야 한다.

사이클 의류는 다양한 소재를 사용하고 있으므로 비틀어 짜거나 강한 힘으로 비벼서 빨면 제품이 쉽게 손상된다.

세탁기를 이용할 때는 일반 여름용 의류 위주로 세탁하는데 리플렉터, 브랜드 로고가 접착제로 붙어 있는 제품은 로고가 사라질 수 있다. 그밖에 기능성 코팅, 방풍, 방수 기능이 특화된 환절기, 겨울철 전용 제품은 손세탁을 권장한다.

자전거 기능성 의류의 기본 세탁 방법 [권장]

방법 1 | 30도 정도의 미지근한 물에 중성세제로 손세탁

방법 2 | 섬유유연제, 염소표백제 사용 금지

방법 3 | 지퍼는 채워서 세탁

방법 4 | 세탁시간은 최소로

방법 5 | 비틀어 짜기, 다림질, 드라이 금지

방법 6 | 건조는 그늘에서

세탁기로 세탁하는 방법 [절충안]

방법 1 | 미지근한 물이나 찬물 세탁

방법 2 | 중성세제 사용 좋음(일반세제도 무방함)

방법 3 | 지퍼는 채워서 세탁

방법 4 | 세탁 및 탈수 시간은 적게

여름철엔 라이딩보다
빨래가 더 힘들었던 적도 있다.

손빨래도 해보고

발빨래도 해봤다.

그래서 결국 지금은
세탁기를 쓰고 있다.

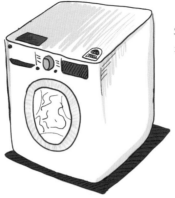

왜냐하면 라이딩에 더
집중하기 위해서!

빨래는 세탁기가 할 테니
나는 별스타그램에 접속한다.

음....
이렇게 쓰니
잘 타는 것처럼 보여
후훗

흠족...

PART 4

이제
라이딩하러 가자

라이프 스타일 그 자체인 라이딩

"라이딩 가자!"
"어디로?"
"아무 데나 상관없어~"

자전거 코스는 오로지 자전거만을 타기 위한 장소로 잡을 필요는 없다.
자전거는 우리의 일상이자 라이프 스타일이니까.
내가 평소 다니는 길을 자전거와 함께 가보자.
또 다른 시각이 펼쳐질 것이다.

아… 귀찮다.
주말인데 뭐 하지.
특별히 뭘 하고 싶진 않은데
뭔가를 하고 싶은 이상한 감정……

어디로 라이딩 갈까.
뭔가 땀을 흘리기는 싫고
자전거는 타고 싶고
그런데 또 약속 잡기는 싫고…

딱히 갈 곳은 없지만,
일단 나가볼까.

체력 낭비고
국력 낭비야~

계속 생각이
진화하는 중...

하~음

하지만!
오늘은 그냥 방황하고
싶어. 일단은 나가자.

(일단 나가자는 다짐만 계속하고
내 몸은 움직이지 않는다)

그래, 좋아.
일단은 나가는 거야.

일단!
결단!

그렇게 시간은 계속 간다.
이렇게 뭉그적거리는 시간에
그냥 빨리 나가는 게 좋겠다.

나오기는 했는데
어디로 가지.

무념무상…

멍하게 바퀴만 굴리다 보니
벌써 10km나 달렸다.

뽈뽈뽈~

앗, 여긴 북악스카이웨이로 가는 길이잖아.

안 돼.
오늘은 땀 흘리기 싫어.

북악스카이웨이 코스처럼
땀 잔뜩 흘려가며 가긴 싫고
좀 하는 듯 마는 듯
천천히 둘러보고 싶다.
오늘은 그러고 싶다.

그래!
그렇다면!

이렇게 느낌 있게
분위기 잡고
커피를
음미해보는 건?
멋지게!

음~
스멜~

시티 라이딩

라이딩하는 그대로 그림 그리기!
라이딩 아티스트가 되어보자!
(준비물 : 자전거, 스마트폰 or GPS 속도계, 나)
방법은 간단하다.

외국 사례 ①

외국 사례 ②

스마트폰 GPS 앱이나
속도계를 켜고 달려보자.
이렇게 내가 이동하는
그 길 그대로 선을 따라
그림을 그리는 것이다.

하트 코스

사실 외국의 도시 환경과
한국의 환경은 조금 달라서
생각만큼 잘 안 될 수도 있다.

하지만 마음껏 달려보고
의미를 부여하는 방법도 있으니
너무 어렵게 생각할 필요는 없다.

음… 이 모양은 마치
가오리…
아니 항문 같기도…

어머!
내가 지금
무슨 생각을 하는 거야?

이런 미션은
너무 머리
아프잡아!

이 책의 취지에
전혀 맞지 않아.
안 그래도
삶은 팍팍한데
좀 쉬자…

노 고민! 노 생각!

그냥 달리자!

오늘은 나를 위한
라이딩을 해야지.

이런 거 말고.

이런 것!

혹은 이런 것~

전력을 불태워서 달려보기도 하고
쉬엄쉬엄 달리기도 하고.
라이딩 가고는 싶은데
막상 어딜 가야 할지 모를 때가 많다.
사실 자전거는 집 밖을 나가면서부터
그 자체로 라이딩이 시작되는 것.
평소에 걷기만 했던 길을
달려보기만 해도 굉장히 색다르다.

그러면 이제 라이더가 소개하는,
지극히 개인적이고 개인의 취향이
심하게 개입된 라이딩 하기 좋은
핫플레이스! "시 작"

자덕들이 가기 좋은 서울 속 핫플레이스

자전거를 타러 꼭 다른 지역으로 멀리 나갈 필요는 없다. 특히나 서울에 거주하는 라이더라면 말이다. 서울시 전체에 깔린 자전거 도로는 전 세계 어느 나라도 부럽지 않을 만큼 비교적 잘 정비되어 있다. 자전거 도로를 이용하면 서울의 지역 대부분을 이동하면서 동시에 자덕 동지들도 심심찮게 만날 수 있다. 당장 자전거를 꺼내 들고 동네를 돌며 주변 맛집에서 밥도 먹고 카페에 들러 커피도 한 잔 마시자. 우리 모두 라이딩을 가자!

• 저자의 거주지가 서울이므로 서울 위주 핫플레이스를 설명하였습니다.

라파 서울(rapha seoul) : 신사동

자전거인들의 성지가 된 라파 서울. 라파는 사이클 의류 브랜드인데, 세계적인 사이클팀인 팀 스카이의 2016년 스폰서이자, 감성적인 마케팅으로 단시간 내에 성공한 브랜드이기도 하다. 전 세계 몇몇 도시에 오프라인 매장을 열어 사이클링 클럽을 운영하는 등 비교적 선진 사이클링 문화를 표방하고 있다. 일명 RCC(라파 사이클링 클럽) 멤버가 되면 1년간 세계의 모든 라파 매장에서 커피를 무료로 제공받는 등 다양한 혜택을 누릴 수 있다. 2015년까지는 한국에 라파 매장이 없어서 클럽 멤버의 이점이 없다시피 했지만, 라파 서울이 생겨서 혜택을 얻을 수 있다. 예쁜 옷들이 너무나도 많으니 충동구매 주의!

루비워크샵 : 논현동

세련된 인테리어와 브랜드에 대해 애정이 느껴지는 자전거 숍. "다양한 제품을 최대한 많이 보유하고 싶다"는 대표의 말처럼 고객에게 최대한 많은 정보를 제공하고 각자의 선택과 성향에 맞춰서 제품을 고르는 것을 권장하고 있다. 단순히 최고로 좋은 제품이 좋은 게 아니라, 각자에게 맞는 제품이 좋은 것이라는 뜻이다. 어떤 사람은 스포츠카가 맞고, 어떤 사람은 경차가 사용 목적에 맞는 것처럼 자전거 역시, 로드바이크가 어울리는 사람도 있고 MTB가 어울리는 사람이 있기 때문에 고객의 니즈를 깊게 고민해서 제공하는 큐레이션 서비스가 강점이다.

천호동 자전거 거리

자전거 브랜드숍 밀집 지역. 원스톱 쇼핑이 가능하고 여러 제품을 비교할 수 있기 때문에 입문자라면 가보길 추천한다. 펠라 사이클, 산티니 코리아, 파스노말 스튜디오, 세븐메쉬, 피세이 등 의류 브랜드들도 한 번에 만나볼 수 있다.

SXC(스페셜라이즈드 익스피리언스 센터) : 한남동

자전거 브랜드로 유명한 스페셜라이즈드 역시 한남동에 SXC를 열어 자전거부터 넓게는 인문학 강의 등 다양한 문화 행사를 열어 일반인에게도 호감을 줄 수 있도록 운영 중이다. SXC 내부에는 자전거 카페 벨로마노가 입점하여 커피를 즐길 수 있으며 자전거나 자전거 장비 역시 구매가 가능하다. 위치상 남산 밑에 있기 때문에 남산 라이딩 전후에 라이더들이 많이 찾는다.

BEC(비텔리 익스클루시브 센터) : 청담동

BEC는 인도어 트레이닝 센터이자 자덕들 사이에서는 로라방(자전거용 러닝머신의 일종인 '롤러'를 설치해 실내에서 자전거를 타는 곳)이라고 불리는 곳이지만, 단순한 '로라방'이 아니다. 최첨단 사이클링 트레이너 비텔리를 비롯하여 마치 클럽으로 착각할 정도로 높은 수준의 조명과 음향 시설을 자랑하며 라이더를 압도한다. 실내에서도 이렇게나 자전거를 재미있게 탈 수 있는 장소는 전 세계를 통틀어서도 아마 거의 없을 것이다. 센터 내에 카페 B 라운지와 사이클링 의류 편집매장인 SWEATS가 입점해 있어서 볼거리와 먹을거리도 갖추고 있다.

바운더리 : 압구정동

의류 브랜드인 르꼬끄 스포르티브에서 오픈한 자전거 카페. 외부에서 봤을 때 가장 자전거와 관련이 없어 보이는 인테리어로 꾸민 곳이다. 지나가던 행인이 카페인 줄 알고 들어왔다가 자전거와 관련된 곳이라는 것을 깨닫게 하는 게 콘셉트인 듯하다. 바운더리의 가장 큰 장점은 자신의 자전거를 매장 안까지 들고 올 수 있다는 것이다. 사실 나의 소중한 자전거를 카페 외부에 놓고 마음 편하게 커피를 마신다는 것은 거의 불가능에 가깝다(도둑 주의). 하지만 바운더리는 내 자전거를 테이블 바로 옆에 거치할 수 있도록 설계되어 있어 진정한 커피 한 잔의 여유를 맛볼 수 있다. 실제로 라이더가 아닌 사람들도 많이 방문한다.

벨로마노 : 광장동

비교적 전통이 있는 자전거 카페. 자전거 카페 계의 1세대라고나 할까? 본점 광장점, 성남점, 한남 SXC점이 있으며 카페 사장님이 클래식 자전거를 수집하는 걸 좋아해서 보기 드문 고가의 클래식 자전거들도 만날 수 있다. 벨로마노에서 내가 가장 좋아하는 메뉴는 땅콩 빙수인데, 단 것을 좋아하는 입맛이라면 반드시 먹어야 하는 추천 메뉴이다. 광장점에는 큰 개인 래브라도 리트리버가 있다. 엄청 얌전하고 특별히 손님에게 달려들지는 않지만, 개를 무서워하는 사람이라면 참고해두자.

벨로라떼 : 길음동

자전거 숍이자 커피도 판매하는 곳. 자전거 정비나 용품 구매가 가능하다. 복층 구조로 2층에는 자전거 관련 만화책들도 있고 자전거 3대 그랜드 투어(투르 드 프랑스, 지로 디 이탈리아, 부엘타 아 에스파냐) 시즌이 되면 함께 중계를 시청하는 등 크고 작은 이벤트가 마련되어 있어 단골이 되면 재미있는 요소를 더 즐길 수 있다.

카페 다두 : 돈암동

자전거 전문 카페는 아니지만, 자전거에 대한 이해가 있는 카페이다. 나의 단골 카페이기도 하고 카페 사장님이 예전 미니벨로가 한창이던 시절에 라이딩을 즐겼던 사람이기에 쫄쫄이를 입고 가도 거부감이 없다. 다만 카페의 서비스를 위해 5인 이상 단체는 출입할 수 없으니 주의하자. '다식'이라는 귀여운 푸들이 카페에 상주하고 있다.

용마랜드 : 망우동

시간이 멈춰버린 놀이동산이라고 불리는 용마랜드는 감성의 정점을 찍는다. 라이딩 코스라고 하기보단 라이딩 종착지나 잠시 들러서 감성이 가득한 사진을 찍을 수 있는 곳이다. 1983년에 개장하고 2011년에 문을 닫은 용마랜드는 사진작가들의 발길이 여전히 끊이지 않을 정도로 출사지로 유명하다. 낡고 녹슨 놀이기구를 보면서 과거로 돌아가거나, 시간이 멈춰버린 것 같은 느낌을 받기도 한다.

이화마을 : 이화동

벽화마을로 유명한 이곳은 데이트코스로도 잘 알려져 있다. 골목골목 아기자기하게 다양한 볼거리와 또 엄청난 언덕 경사로 인해 감성과 허벅지 고통을 동시에 느낄 수 있는 코스다. 극악의 경사를 자랑하는 언덕이 곳곳에 숨어 있는데 대부분 짧긴 하지만, 초보 라이더들에게는 조금 위험할 수 있다.

북악스카이웨이 KOM : 부암동

북악스카이웨이에서 가장 가까운 위치에 자리하고 있는 숍으로 라피에르, 예티,
니콜라이, 세븐메쉬 등의 자전거 브랜드를 볼 수 있으니 라이딩 전, 후 한 번쯤 들러볼
만하다. 또 북악스카이웨이에서 자전거가 고장 났을 경우를 대비해 응급처치 출동
서비스를 운영 중이다. 북악스카이웨이에서 자전거 펑크가 났다면 KOM에 도움을
요청하자.

북악스카이웨이 : 정릉동

북악스카이웨이는 많은 라이더가 이용하는 코스 중 하나이다. 진입 방향도 다양하고
업힐과 다운힐이 비교적 골고루 섞여 있기도 해서 남산보다 조금 더 다이내믹한
라이딩을 즐길 수 있다. 다만, 차량 소통은 어느 정도 있는 편인데 명절이나 휴일에는
불법 주차된 차량으로 인해 차들이 어쩔 수 없이 역주행하는 상황이 벌어지니
라이더는 특별히 조심해야 한다.

도선사 : 우이동

북악스카이웨이와 남산이 대중적인 업힐 코스라면 도선사는 약간 비주류인 업힐
코스다. 이곳은 라이딩이라기 보다는 고행에 가까울 정도로 고통스럽다. 페달링할
때마다 앞바퀴가 들려서 뒤로 넘어갈 것 같은 업힐을 느낄 수 있을 것이다. 한 번은
가볼만 하지만, 이곳을 라이딩 코스로 타는 것은 훈련 목적이 아니라면 추천하지
않는다.

남산

북악스카이웨이와 쌍벽을 이루는 남산 코스는 초보 라이더가 제일 먼저 업힐을
경험하기에 가장 좋은 코스이다. 남산 코스는 일방통행으로, 버스를 제외하고 차량
소통도 없기 때문에 비교적 안전하게 라이딩을 할 수 있다. 다만 다운힐은 방지턱과
도로와 인도의 구분 단차로 인해 조금 위험할 수 있다. 또 급커브가 많으니 천천히
달리는 것이 좋다. 낙차 사고도 잦은 곳 중 하나이다.

자전거로 출근, 자전거로 퇴근! 자출과 자퇴!

뭐지,
이 불길한 개운함은…?
모든 피로가 풀렸잖아.

주말 특근이라서
알람 맞추는 것을
잊고 자버렸다!

회사까지 1시간
남은 시각 1시간
세수 ──→ 포기
머리 감기 ──→ 포기
양치 ──→ 해
옷 고르기 ──→ 포기

양치도 2배속으로 한다.

머리는 소생 불능이군.
이렇게 된 이상
자출이다.

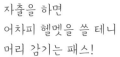

자출을 하면
어차피 헬멧을 쓸 테니
머리 감기는 패스!

땀도 날 테니
회사에 도착해서
세수를 해도 전혀
이상하지 않지!
오! 지니어쓰!

풀 아우터 기어비를 사용하고
케이던스를 90으로 맞춰서

달리면!

케이던스
1분당 페달을 밟는 횟수.

. . . . .

힘들어.....

망...

그냥 지각해야 할 듯.

난 안 될 듯...

아무튼 최선을 다해서 달리자.

좌아아아~

으… 눈 따가워…
날파리 습격!

날파리
습격!

우우우웅

고글 안 가져옴.

부~웅~

육수가 화산처럼
폭발한다!

우우우웅

버스 옆을 달릴 때는 아무리 힘들더라도 사이클리스트의 품위를 위해

속도는 유지하되

여유로운 표정은 지켜낸다!

빈혈오는 줄 알았네…

딱히 저들이 날 보고 있는 것 같진 않지만,
왠지 신경 쓰인다.

하얗게 불태웠다.

자출의 가장 이상적인 거리는?

교통비를 아끼고 건강까지 챙기는 자출! 이상적인 자출 거리는 15~20km이다. 자전거 타는 속도에 따라 다른데 40분 정도 소요된다. 매일 자출하는 게 아니라면 1시간 이상 소요되는 건 체력이 떨어지고 업무에도 차질이 생긴다. 너무 짧으면 자출 기분도 나지 않을 것. 대중교통으로 1시간 정도 걸리면, 라이딩은 같거나 1시간 10분~20분 정도로 잡는다. 도착 후 자전거를 보관하고 옷을 갈아입거나 샤워하는 시간도 염두에 둔다. 자출은 나만 아는 골목길, 자전거 전용도로, 자전거 전용차로, 자전거 우선도로, 자전거 보행자 겸용도로가 있기 때문에 상황에 맞게 경로를 짤 수 있다(서울시에서 제공하는 자전거길 안내도를 참고하면 더 편리하다).

너무 달렸나.

방금 출근했는데
지금 퇴근하고 싶네.

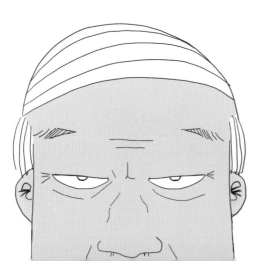

기름 한 방울 나오지 않는
우리나라에서 자전거로 출근하다니
자네 아주 멋지구먼.

아주 부지런하구먼!
운동하는 사람은
일도 잘 하지!
보고서는 오늘까지
제출하게!

내 기대가 커~

이런,
약 주고 병 주는 말씀이시네.

당했다

TIP

자출 시 은근히 필요한 꺼알 준비물

자출은 말 그대로 자전거로 출근이기 때문에 달리는 도중, 도착했을 때, 또 퇴근할 때를 대비한 복장과 장비를 챙기는 것이 좋다. 일교차가 심한 날씨에는 조끼와 라이트를 꼭 챙겨야 하며, 고글 역시 야간 라이딩이 가능한 변색 렌즈나 클리어 렌즈를 선택하는 것이 좋다.

그리고 혹시나 사무실에서 일상복으로 갈아입기 위해 옷을 챙겼다면, 속옷을 빼놓지 말자. 간혹 옷만 챙기고 속옷을 챙기지 않아서 본의 아니게 노팬티로 하루를 보낼 불상사가 벌어질 수 있으니(자전거 전용 저지와 빕을 입었을 때는 속옷을 입지 않기 때문에).

그리고 자출은 일단 목적 시간이 존재하므로 속도를 높여 달리는 경향이 있다. 땀이 나지 않을 정도로 속도를 적절하게 조절하면 너무 좋겠지만, 그럴 수 없다면 땀을 흘릴 때를 대비한 수건 등도 준비한다. 샤워가 가능한 경우, 샤워용품도 챙기면 best!

땀 냄새를 풍길까 걱정하는 직장인 자출족을 위해 서울시에서는 서울디지털운동장(가산디지털단지 근처)에 샤워실과 탈의실을 시범 운영하고 있으니 참고해두면 좋다.

자! 이제 업무를 시작해볼까!

식사하러
가시죠.

뭐 먹을까요?

깜짝!

번쩍

벌써?

자출하면 왠지
퇴근 시간도
빨리 온다.

열일중

열일 중

퇴근 시간 임박!

퇴근 시간

어머
벌써!
차오른다!
에너지가!

오예~
집에 가는 길에
남산이나 다녀올까!

날 보고 있는 게
느껴지지만
못 본 척 한다.

라이딩~
라이딩~

퇴근
퇴근

무려 주말에도
출근했는데
야근은 no!
수당보다
라이딩을 택한다.

본다…
본다…
본다…

자,
이제 가볼까?

사실은
자출보단
자퇴가
재미 중의 재미!

허니잼

왜냐하면
자퇴는 컷오프가
없기 때문이지.

컷오프
자전거 대회에서 통용되는 '컷오프'는 기록에 대한
시간을 말한다. 즉 어떤 자전거 대회가 출발과
동시에 모든 인원의 완주를 3시간으로 정했다면,
3시간 이전까지 골인한 기록만 인정하고 3시간
이후에 골인하는 사람은 기록에 인정되지 않는 것을
뜻한다(실격 처리). 여기에서는 '출근 시간 9시'가
컷오프이다.

마음대로 속도를 내고
힘들면 쉬어갈 수도 있지.

고고!

음.
지루하다.

뽈 뽈 뽈 뽈....

좌르르르르르르~

달리다 보니 배도 고프고 왠지 심심하다.
반미니에 들러서 라면이나 먹고 가야겠다.

반미니
반포 미니스톱 편의점의 줄임말.
한강 라이딩을 할 수 있다.
2019년 현재 운영 종료하여 타 편의점이 입점.

사람 구경하기 아주 좋지!
앉아 있다 보면 아는 사람들도
많이 만날 수 있고
시간 가는 줄 모르는 곳.

그리고 이것!

이 애매하게 익은 듯한 라면.
야외에서만 느낄 수 있는 바로 이 맛!
맛있쩌…

맛난다.

야!
여기서 혼자 뭐해?

어~ 너구나. 라이딩 나왔어?

자퇴 중에 출출해서
라면 하나 먹고
가려고.

너도 하나 먹을래?

아니, 괜찮아.

그나저나
라이딩 해보려고
하자마자 펑크가
났지 뭐야~

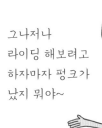

아이고, 저런.
그 마음 알지.
짜증나지.

그래서
집에 가려면
점프해야 해.

걱정 마.
이런 날도 있는 거지.
그렇고 말고.

점프
자전거를 가지고 대중교통(차량)을 이용하는 것.

그런 의미에서
갈 때 같이 가자.

이런.

대중교통에 탑승하기

펑크가 난 상태에서는
가능하면 자전거를 타지 말고
끌고 가는 게 좋아!

왜죠?

터벅
터벅

터벅
터벅

왜냐하면 공기압이 빠진 상태에서
주행하면 하중에 의해 휠 변형이 오거나
손상을 입을 수 있기 때문이지.

다 왔다!

역무원이 가만히 보고 있으면
괜히 긴장된다.

그러나 오늘은 주말이다!
바로 합법적인 점프가 가능한 날.

• 평일 지하철 탑승이 가능한 자전거는 접이식
  자전거이다. 일반 로드 사이클이나 MTB는
  토~일요일, 공휴일에 탑승할 수 있다
  (서울 지하철을 비롯 각사의 규정에 따라
  조금씩 다르다).

주춤주춤

우린 당당하다고.
앞만 보고 걸어가자.
당당하게.

만약 오늘이 평일이었다면
이런 상황이 발생할 것이다.

잠시만요!

이렇게 졸라봐도
소용이 없다.

털썩

미안해.

우리 어떡해…
펑크 나서 어쩔 수 없는데…
너무 슬퍼…
나는 집이 멀어서 택시비도
어마어마하게 나올 텐데…

어쩔 수 없잖아.
규정과 원칙은 인정보다
위에 있고 소중하니까.
우린 이 지하철에 탈 수 없어.
지하철이 지금 시간에는
조금 널널하지만 말이야…

그래도 우리의
사정을 이야기하면
충분히 이해해주실거야.
인상도 좋으시고 마음도
넓어 보이셔서…

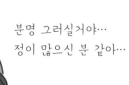

분명 그러실거야…
정이 많으신 분 같아…

그래도 평일에는 안돼요.
택시 타세요!

넵, 죄송합니다.

하지만 오늘은 주말!

호우

예~

아자~

점프가 가능한 날!

역시 경량화는
지하철 점프에서 빛을 발한다.

이렇게 프레임을
높게 들고 어깨에
들쳐 메면
쉽게 자전거를 들고
이동할 수 있다.

＊ 지하철 열차 탑승 시
맨 앞칸과 맨 뒤칸에 탄다.

또 온다.

이번엔
여유 있을 듯.

띨릴릴릴릴릴릴리~

지금 열차가 들어오고 있습니다. 승객 여러분들께서는~

두 번째 열차

치~

이번엔 한산할 줄 알았는데 또...

음... 다음...

띠리릴릴릴릴릴리~

지금 열차가 들어오고 있습니다. 승객 여러분들께서는~

제발...

세 번째 열차

치~

분노를 용기로
바꿀 수만 있다면!

화를 다스리는 법을 깨우쳤어!

그렇게 우리는 열차 5대를
보내고 마침내 탑승할 수 있었다.

휴~ 겨우 탔다.

쓰 ~ 윽

지하철을 타면 자주 발생하는 상황.
할아버지, 할머니들께서 나의 자전거를
손잡이로 사용하시는 일을 자주 겪게 된다.
이럴 때는 당황하지 말고 기꺼이 내어드리자.
(물론 자전거가 다치지 않는 선에서!)

Share the Road

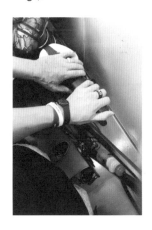

말을 걸어오는 아저씨들도 있다.

그리고 저것은 분명 자전거 체인 기름.

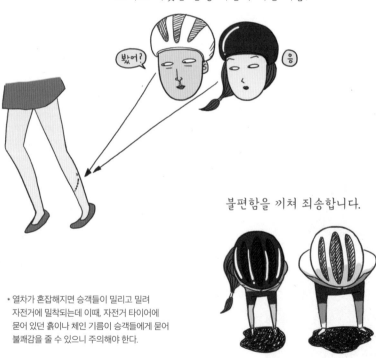

불편함을 끼쳐 죄송합니다.

• 열차가 혼잡해지면 승객들이 밀리고 밀려
  자전거에 밀착되는데 이때, 자전거 타이어에
  묻어 있던 흙이나 체인 기름이 승객들에게 묻어
  불쾌감을 줄 수 있으니 주의해야 한다.

계단을 올라갈 때도
자전거가 다른 승객과 부딪칠 수 있으니
특히 주의하고 마지막에 오르도록 한다.

자!
이제 올라가잣!

괜히 또
긴장되네.

와~
자전거 멋지네요.

감사합니다.

TIP 대중교통을 이용할 때 자전거를 끌고 가도 되나요?

대중교통이라 하면 자고로 버스와 지하철이 있다. 버스에서는 보통 접이식 자전거만 탑승할 수 있다. 아주 컴팩트한 접이식 자전거가 가능하다(브롬톤, 스트라이다 브랜드 같은). 스위스 같은 나라에서는 접이식이 아니어도 탑승할 수 있다고 하지만 국내 버스는 출입문이 좁은 편이고 차내 환경도 자전거가 자리 잡기 어려운 구조이다. 자전거를 가지고 대중교통을 이용한다면 버스는 선택지를 두지 않는 편이 좋다.

지하철은 비교적 수월한 편이다. 주말과 공휴일에 자전거 탑승이 가능하다. 접이식 자전거는 평일, 주말과 관계없이 탑승할 수 있다. 허용 기준은 지역별로, 상황별로 다를 수 있으니 미리 확인하는 것이 좋다. 평일에 부득이하게 점프해야 하는 상황이라면 택시를 이용하는 것도 방법이다.

* 갑작스럽게 비가 내리면, 제동 거리나 시야가 확보되지 않는 문제가 생길 수 있어서 '점프'를 추천한다. 우중 라이딩을 해야 하는 경우도 있지만 자출, 자퇴를 할 땐 보통 차량과 함께 달리고 야간 라이딩 상황을 고려할 때 점프하는 게 안전하다.

즐거운 자전거 투어 떠나기

로망 한가득 품고 '자전거 투어'에 가보자.

자전거 투어는 무엇인가?

보통 자전거 투어라 하면,

내가 사는 지역을 떠나 라이딩하는 것을 말한다.

그렇다면 그 종류에는 무엇이 있을까?

1. 동호회에서 대형 버스를 빌려서 함께 타고 가는 것.

2. 자가 차량으로 자전거를 싣고

다른 지역으로 이동 후, 라이딩을 하는 것.

3. 국내, 해외 등 장거리 비행기나 배(크루즈)로 이동 후,
   그 지역에서 라이딩하는 것이 있다.

라이딩 나갈 틈이 생기면 연락해보는 '그 형'

우리 투어 가자!

오랜만에,
쫀득하게 라이딩하러!
어때?

갑자기 웬 투어야~
그냥 자전거 타고 나가면 그게 투어지.

귀찮다 귀찮아.

좀 멀리 나가고 싶은
그런 감성이라고.

이런…
풋풋함을
잃어버린
영혼.

야야 그럼 우리 동호회
버스 투어나 가라!

그리하여 버스 투어를 가기로 했다.

짜 잔!

다 쌌다!

이제 자자!

딥슬립 후
출발!

모임 시간은 새벽 3시 반…
지금 시간은 새벽 1시…

집에서 모임 장소까지 1시간…

잘 수 있는 시간은
1시간.

그러나, 난 지금
매우 말똥말똥한 상태.

×…   그냥 출발하자.

버스 투어는 말 그대로 대형 버스를 타고 다 함께 이동하여 라이딩하는 것!
이동할 때 부족한 잠을 잘 수 있다는 큰 장점이 있다. 자전거 운반도 비교적
안전하다. 세세한 준비가 없어도 된다는 점에서 가장 편안한 투어!

자가 차량 투어는 기동성이 빠르고 적은 인원이 움직여 즉흥적으로
계획할 수 있어서 마음이 편한 투어다. 하지만 운전과 라이딩 두 가지를
동시에 하므로 몸은 조금 피곤하다는 단점이 있다.

비행기는 바다 건너의 곳으로 떠나서 라이딩하고 싶을 때 이용한다.
기내에 탑승할 수 있도록 제작된 자전거 캐리어나 대형 박스가 필요하다
(펌프 필수 준비).

크루즈 투어, 즉 배를 타고 가는 것은 자전거를 포장하지 않아도 된다는 점이
큰 장점이다. 다만 이동 시간이 느리다는 점을 고려해야 한다.

자전거 투어의 종류와 장단점

버스 투어

동호회 등에서 일정 인원 이상이 모여 떠나는 투어다. 동호회에서 운영하는 대형 버스는 운전기사가 따로 있다. 이동할 때 자유롭게 취침할 수 있으며 자전거를 운반할 때도 비교적 안전하고 편리하다. 많은 준비물이 필요하지 않아서 심신이 편안한 투어로 꼽힌다. 동호회에서 버스 투어를 할 때는 보통 회장 또는 번짱(번개 모임 리더)이 대형 버스를 섭외한다(인원이 25명 정도 모여야 최적). 각 인원당 30,000원 정도 회비를 내면 된다. 버스 앞쪽에는 사람이 타고 뒤쪽에는 자전거를 걸어두는 구조로 탑승하게 된다. 자전거는 안장코를 이용해서 짐칸에 올려 싣게 되는데, 안장코가 약한 안장의 경우(카본), 차량 운행 중 손상이 될 염려가 있으므로 버스 짐칸이나 통로 쪽에 세워두는 게 바람직하다. 또 차량 운행 중 자전거가 흔들리게 되는 상황이라면, 이때 자전거와 자전거가 부딪치는 경우가 발생하므로 휠백으로 자전거 뒷바퀴를 감싸거나 충격 방지용 에어캡 등을 준비하는 게 좋다.

도착지에 도착하더라도 버스 기사가 라이딩이 끝날 때까지 라이더를 기다린다. 그렇게 100km 정도 라이딩을 마치고 돌아오는 버스에서 자는 잠은 그야말로 숙면 중의 숙면! 이때 좀 더 안락한 잠자리를 누리기 위해서는 편안한 옷을 준비하는 게 좋다. 라이딩 복장은 라이딩 포지션을 취했을 때 가장 편안한 피팅감을 주기 때문에 허리를 펴고 등을 기대어 잘 때는 아무래도 불편할 수밖에 없다. 특히 빕숏의 멜빵끈은 압박을 무시할 수 없는 수준이다. 키가 줄어드는 느낌이 들 정도이기 때문이다.

버스 투어 필수용품 | 라이딩복, 헬멧, 고글, 여벌 옷, 세면도구, 물티슈, 슬리퍼 또는 편안한 신발(클릿슈즈를 장시간 착용하면 발이 피로함을 느낀다), 휠백, 모자, 목베개 등.

자가 차량 투어

자가 차량 투어는 자신이 차와 자전거 두 이동 수단을 가지고 움직이기 때문에 마음대로 이동할 수 있는 장점이 있는 한편, 장거리 운전을 할수록 더 피곤하다는 단점이 있다. 목적지까지 운전, 라이딩, 또 라이딩을 끝내고 다시 직접 운전해서 집으로 돌아와야 하는 번거로움이 있어 체력 소모도 큰 편이다.

소그룹으로 라이딩 투어를 떠날 때 주로 차량을 이용하는데, 운전자와 조수석에 탄 사람에게 미안한 마음에 뒷자리 사람들도 잠을 자야 할지 말지 고민해야 하는 생활 속

불편함을 제외하고는 기동성이 좋고 무엇보다 마음이
편하다. 차량 투어는 차량에 거치할 수 있는 캐리어를
사용하면 좀 더 멋있는 사진까지 연출할 수 있어
라이딩 떠나는 재미를 더 배가시킨다.

차량 투어 필수 애티튜드 ┃ 운전자의 행복을 위한
마음가짐, 운전자의 졸음을 퇴치할 수 있는 유머,
적막함을 없애기 위한 신나는 음악 세팅, 유사시

차량 외부에 자전거를 거치할 수 있는 장비.
툴레 자전거 캐리어(출처 : 나눅스네트웍스)

교대 운전을 할 수 있도록 운전면허 소지, 준비물은 버스 투어와 비슷하다.

비행기 투어

비행기 투어는 제주도나 해외로 라이딩 투어를 떠날 때 이용한다. 자전거를 가져가려면
기내에 탑승할 수 있도록 제작된 자전거 캐리어나 대형 상자에 자전거를 넣어야 하고 별도의
준비 기간과 신경 써야 할 것들이 많은 편이다.
비행기를 이용할 때 한 가지 명심해야 할 점은 펌프를 챙겨야 한다는 것이다. 기압 상승으로
인해 타이어가 터지는 일이 생길 수 있어서 사전에 공기를 모두 빼고 착륙 후에 공기압을
넣어야 하기 때문이다. 그래서 기내에 자전거를 실을 때는 자전거 타이어의 바람을 빼야 한다.
펌프가 불편하다는 이유로 CO_2를 가져가는 경우가 있는데, CO_2 역시 기내 반입이 불가한
제품이라서 까다로울 수 있다. 될 수 있는 한, 펌프를 이용하는 것이 탑승 절차가 원활해진다.

비행기 투어 필수용품 ┃ 자전거 캐리어 또는 박스, 자전거 공구, 펌프, 라이딩복, 헬멧, 고글,
여벌 옷, 세면도구, 물티슈, 슬리퍼 또는 편안한 신발, 모자, 목베개 등. 해외로 떠날 때는
여권까지!

크루즈 투어

크루즈 투어는 느림의 미학을 가장 잘 느낄 수 있는 투어! 자전거를 굳이 포장하지 않고 그대로
가지고 탈 수 있으며 선실 내부에 움직이지 않도록 거치만 해도 무관하기 때문에 비행기보다
편리하다. 그렇지만 이동 시간이 느리다는 점이 큰 제약이다. 그러나 즐길 준비만 되어 있다면
배를 타는 것도 꽤 낭만적이다. 무엇보다 새벽에 갑판 위에 올라가면 칠흑 같은 암흑 속에 오직
달빛만 보게 되는데, 그 흑해의 아름다움이란 경이롭고 압도적이라 할 수 있다.

크루즈 투어 필수용품 ┃ 라이딩복, 헬멧, 고글, 자전거 공구, 펌프, 여벌 옷, 세면도구, 슬리퍼
또는 편안한 신발, 목베개, 멀미약, 멀티탭, 장시간 시간을 보낼 수 있고 숙면에 도움을 주는
자신만의 아이템. 해외 이동 시 여권도 챙긴다.

어디로 가면 될까?

속도는?

힘이 많이 들려나?

라이딩 코스에 관하여

보통 국내 같은 경우에는 자전거 대회가 많아져 해당 대회의 코스를 검색하면 적당한 코스를 선택하기에 무난하다. 검색을 통해 GPX 파일까지 구할 수 있으니 일석이조! 대회 코스는 자전거 코스 전문가가 제작했기 때문에 해당 지역 안에서 자전거로 달리기 좋은 도로와 아름다운 경치가 함께 있는 경우가 많다. 볼거리가 풍성한 라이딩을 즐길 수 있기 때문에 초보 라이더라면 이미 만들어진 코스를 이용하는 것을 추천한다.

이렇게 만들어진 코스는 보통 업힐 코스가 한두 가지 정도 있다. 코스가 난해하진 않을까 염려할 수도 있겠다. 왠지 우리의 몸은 적당히 힘도 들어야 더 재미있게 탔다고 느끼고 또 추억도 할 수 있다고 합리화도 해볼 수 있고, 투어 라이딩은 보통 달리다가도 자주 내려서 주변 경치도 구경하고 사진도 많이 찍기 때문에 굳이 힘들여 타지 않아도 된다. 말 그대로 자전거로 여행 중이니까, 여행은 짧으면 짧을수록 아쉬움이 남으니까 천천히 달리며 즐겨보자!

우중 라이딩

비가 오면 나가지 않는다.
하지만, 맑을 때 나갔는데
비가 오면 어떡해.
어떡하긴 어떡해.
"맞아야지."
그냥 GO인 거다!

제주 투어 라이딩에서 있었던 일이다.

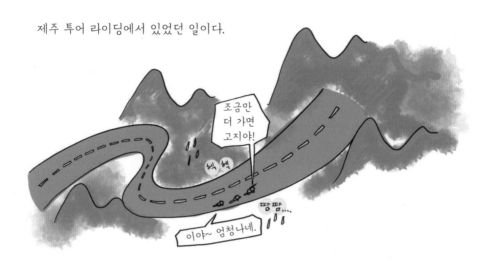

저길 봐!
하늘이 심상치 않은데?

그러게. 저기는 벌써
장대비가 쏟아지고 있어.

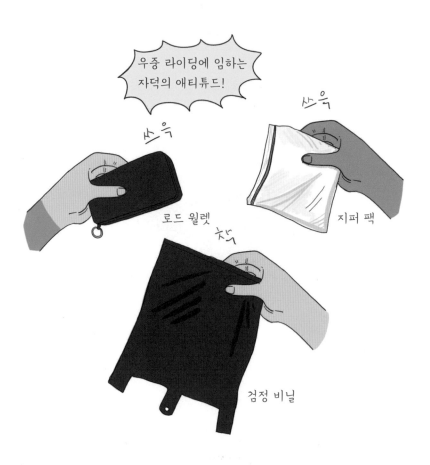

PART 4   이제 라이딩하러 가자

비와의 조우.

촤～아

이것은 마치,
"물 따귀"였다.
구정물이 얼굴로 날아오고 있었다.

• 우중 라이딩에서는 앞 라이더와의 거리를 평소보다 더
벌려줘야 한다. 비 오는 날은 제동 거리도 길어지고 앞 라이더의
뒷바퀴에서 튀는 빗물이 시야를 가릴 수 있기 때문이다.

거지꼴

안 되겠어!
에스 세이버 장착하고
간격을 벌린다!

에스 세이버
안장에 장착해 물 튀기는 것을 방지하는 보조 용품.

짠!

별 것 아니지만, 에스 세이버를
장착하면 바퀴에서 튕겨 올라오는
흙탕물을 일정 부분 방지할 수 있다.
자신의 등을 계속 젖게 하는 흙탕물은
장거리 라이딩 시 체온 유지를 방해하고
져지의 무게도 은근히 증가시켜
컨디션 조절을 방해하기 때문에
그때 아주 유용한 아이템이다.

날
다
람
쥐

이렇게
비 오는 날
바퀴에서 튀어 올라온
구정물 자국이 난 사람을
날다람쥐라고 부른다.

똥
빕

만약 하얀색
빕숏을 입었다면
(더 이상 자세한
설명은 생략한다).

좋아! 한결 나아졌어!

차~아~아~

자전거 간격을 더 넓게 하고 에스 세이버를 장착하니까 훨씬 달리기가 좋았다.

우중 라이딩은 정말 즐겁다. 아예 흠뻑 맞을 준비가 되어 있다면 말이다.

어중간하게 몸이 젖고 옷과 자전거가 더러워질 정도의 비를 맞으면 자전거 청소나 빨래 등이 있어 조금 짜증날 수 있지만, 갑작스러운 폭우와 쉬었다 갈 수 있는 여건도 되지 않고 마땅히 대안이 없는 상황에서는 어쩔 수 없다.

그냥 즐기자. 예상 외로 엄청나게 재미있고 정말 즐거운 추억을 만들 수 있다!

비 오는 날 라이딩 시 주의할 점

비가 오는 날 라이딩을 하는 것은 맑은 날보다 위험하다. 시야도 흐려지고 브레이킹 성능도 떨어지고 슬립(미끄러지는 것)이 일어날 수 있어 사고 위험도도 높다. 그리고 또 '똥빕'이 된다. 똥빕이란, 바로 이런 것이다.

주행 중에 뒷바퀴에서 튕겨 올라오는 흙탕물이 엉덩이와 등에 튀겨 발생하는 현상이다. 그렇기 때문에 비 예보가 있는 날이면 특히 흰색 색상 빕숏과 저지는 입지 않는 것이 좋다.

그래서 비가 오는 날은 될 수 있는 대로 인도어 사이클로 대체하거나, 장터링을 하거나 자전거 세차를 하거나 자전거 영화를 보는 것이 현명하다. 자전거는 몸으로만 타는 것이 아니고 정신으로도 탈 수 있으니까. 하지만 이미 밖에 나가서 자전거를 타는 중에 갑자기 비를 만날 수 있으니 이렇게 대비하자.

방법 1 | 라이딩 있는 날은 항상 출발 전에 일기예보를 점검하자.

방법 2 | 비 예보가 있다면 에스 세이버(Ass Savers, 간이 흙받이)를 장착한다.

방법 3 | 비가 오는 날은 평소 타이어 공기압의 90% 수준으로 채운다
(지면과 마찰 면을 높여 슬립을 방지하는 효과).

방법 4 | 제동 거리를 평소보다 더 길게 계산하여 브레이크를 잡는다.

방법 5 | 그룹 라이딩을 하고 있다면 앞사람과의 간격을 조금 벌려준다. 이유는
앞사람의 뒷바퀴에서 튕겨 나오는 물이 나의 시야를 가릴 수 있기 때문이다.

방법 6 | 폭우가 쏟아지는 경우, 급격한 체온저하로 저체온증이 올 수 있으니
라이딩을 중단하고 차량을 이용해 복귀하는 것이 좋다.

방법 7 | 비닐 지퍼 팩이나 라이딩 지갑을 준비한다(휴대폰, 카메라 등 보호).

계절 라이딩

따뜻한 봄, 더운 여름, 쌀쌀한 가을

자전거는 참 특별해.
1년 365일 계속해서 변해야 하니까.

가을, 10월의 어느 날.

날씨 봐라.
인정사정 없네.

특별히 제일
예쁜 옷을 입고
나가야겠다!

짜자 잔!

음···
멋지군!

자신감.

일반인 눈에는
그냥 똑같은 쫄쫄이지만
자덕이라면
모두가 알 수 있는 멋!
마치 이것은 군인들이
전투복을 열심히 다림질하고
주름을 잡는 것과 비슷하다.

캬~
바로 이 맛이야~
라이딩의 참맛은
자연과 함께하는
그런 맛!

좋쿠나하!

모든 게 완벽한 날이야.
라이딩 끝나고
삼겹살이나 구워 먹어야지.

역시 나오길 잘했다.
라이딩은 언제나 옳아.

오…
아름다워… 자연…

그렇게 나는 자연을 느끼며 라이딩을 했다.
주변 경치도 살피고 멋진 풍경은 카메라에 담고.

장시간
헬멧 착용으로 인한
스타일 변화.
하지만 쿨~하게
신경 쓰지 않는다.

분위기 좋은 카페에 들어가
기분을 내며 커피도 마셨다.

벌써 시간이 이렇게 됐네!

빨리 집에 가야겠다!

샤샤샥!

급하다 급해!

또각 또각
또각 또각
또각

부아아아앙~

집까지는 약 40km…

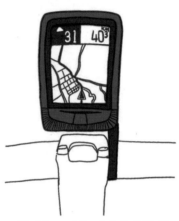

달려온 그대로 다시 복귀한다!
(생각보다 멀리 달려왔네…)

으~춥다.
이 동네는 어찌 된 게
더 추운 것 같아.

오들
오들

부들
부들

하필 여름용 옷 중에서도
가장 얇은 초경량 저지를 입어서인지
체온이 급격하게 떨어졌다.

온몸의 솜털이 모두 살아서
늴리리야 춤추는 느낌이야…

너무 추워…

따뜻한 이불이
간절해…

온몸이 얼어붙는
온몸이 굳어가는 느낌이야…

안 되겠어.
이 길로 달리다가는
얼어 죽겠어.

경로를 변경한다!

좋아!
이 길이야!

매연과 함께하는
가슴 따뜻한 라이딩.

좋아...
따뜻해
너의 매연

배기가스는 나쁘지만, 이럴 때 잘만 활용하면
생존에 큰 도움이 될 수도 있다는 점.
다음부턴 꼭 바람막이를 챙겨야겠다 결심했다.

제철, 제때 타는 라이딩 그리고 생존용품

지역마다 기온 차이가 있는 것도 당연하지만, 같은 구역, 가까운 위치에 있더라도 환경에 따라서 기온 차이가 은근히 크다. 가령, 한강 쪽 자전거 도로나 인근에 산이 있다면 공기가 정말 차갑다는 것을 느낄 수 있는 반면, 바로 그 옆길이라도 차가 많이 다니는 거리라면 조금 따뜻하다. 자동차의 엔진 열기와 배기가스 열기가 있기 때문이다.

자전거를 타는 시즌에 관한 기준은 사람마다 다르지만 대체로 3월 말부터 10월까지를 시즌이라고 한다. 여름의 장마 기간을 제외하고 약 6개월 정도를 라이딩 시즌이라고 볼 수 있다. 그중에서 비가 내리거나 미세먼지, 황사 경보 등 다양한 기상 조건을 고려해보면 실질적으로 자전거를 탈 수 있는 시간이 점점 줄어드는 것 같기도 하다.

흔히 우리가 시즌이라고 불리는 기간에는 라이딩 복장이 비교적 간편하다. 헬멧, 고글, 져지, 빕숏을 메인 복장으로 하고 이것을 기본으로 기상 조건에 따라 약간씩 더해진다. 환절기에는 바람막이 또는 질렛, 암워머, 니워머, 버프 등을 추가해주면 된다.

환절기에는 일교차가 크므로 체온 유지를 위해서 낮에는 조금 덥더라도 복귀할 때를 대비해 라이딩 복을 선택하는 것이 좋다. 바람막이는 가장 활용도가 높은 라이딩 의류이며 초경량으로 만들어져서 져지 뒷주머니에 말아 넣으면 되기 때문에, 라이더라면 필수로 갖추는 것이 좋다.

겨울, 그 치열한 생존

안 돼!
지난주도 자전거를 못 탔는데
또 눈이라니!

지금이라도
빨리
나간다!

겨울용 빕을
입는다.

겨울용 모자
(귀까지 덮어줘서 따뜻함)

쏘~옥

그리고 헬멧을 쓴다.

호호

옷 입는 것이
어째 더 고단하다.

마지막으로
겨울용 베스트(조끼)를 착용한다!

아이고 땀난다,,,

재킷을 입고

저지를 입고

247

아직 끝난 게 아니지.

버프도 착용!

스~윽

장갑 착용!

발에는 방한을 위해
더 신경 써야 한다.

바둥바둥

먼저 양말을 신고!

양말+슈즈+슈즈 커버 순서로 신어주면 GREAT!

겨울용
슈즈 커버

또는 동계 전용
클릿슈즈도 있다.

* 발 시림에 취약하다면 발 전용 핫팩을 붙이거나 양말을 신고
쿠킹포일로 발 앞쪽을 감싸주면 효과가 있다.

이제 완전히 무장했으니
추위쯤이야 두려울 게 없다!

• 겨울은 라이딩을 위한 사전 준비 시간이 더 오래 걸린다.
  그리고 체온 유지를 위해 장비를 꼭 챙겨야 한다.

몸이 몹시 뻣뻣해졌다.
고개도 잘 안 돌아가.

그래도 나는 간다!
스포츠는 살아 있으니…

아이고 추워라…
오늘 정말 기온이
많이 낮아졌구나.

남들은 겨울에는 겨울 스포츠를 한다던데 나는 그런 거 없다.
겨울에 자전거 타면 자전거도 겨울 스포츠니까!
어쩜 난 이리도 합리적이고 경제적일까…

열 좀 올려야 하니까
달려야겠다!

• 겨울철은 라이딩 시작 후, 15분 정도가 정말 춥다.
  하지만 그 시간을 잘 견디면 몸에 열기가 올라
  추위에 잘 적응하게 된다.

역시 겨울에는 겨울만의 맛이 있지!
이것이 바로 겨울 사이클링 감성!

비록 때로는
남들 눈에는
강도로 보이겠지만.

역시 너무
범죄자 룩인가…

오 씨!   쟤 오야…

파바밧!

딱히 위협적이진 않지만
그냥 그에게서
멀어지고 싶어…

그러다가 갑자기 몸이 붕 뜨는 게 느껴졌다.

난 이때 시공간이 멈추는 것을 경험했다.

아이코
빙판길이었잖아.

얼핏 보면 아스팔트랑
구분이 잘 안 되네.

아이고, 허리야…

그래도 겨울 의류와 장비가
충격 완화에 도움이 되었어.
다행이다.
조심히 달려야겠다.

슉
슉

헛
허

슉
슉

헛
허

촤라라라라라

촤라라라라

촤라라라라라

"북악을 갈까?" 했지만
낙차도 했고
빙판길이 위험할 것 같아
경로를 변경했다.

촤라라라라라

촤라라라라

촤라라라라

계슈?

단골 카페에서 따뜻한 음료를 마시며
이렇게 오늘의 라이딩을 마무리한다.

겨울에 한번 눈이 오면 한동안은 자전거를 탈 수 없다. 겨울철 특성상 낮은 기
온 탓에 단 하루만 눈이나 비가 와도 쌓인 눈과 비가 한동안 녹지 않고 얼음이
되어 빙판길을 만들기 때문이다. 게다가 제설 작업을 위해서 뿌려놓은 염화칼
슘은 타이어와 노면과의 마찰을 줄여서 또 다른 위험 요소가 될 수 있다.
시간이 지나고 도로가 모두 말라 있다고 생각하더라도 햇볕이 잘 들지 않는
곳에는 '블랙 아이스'가 곳곳에 숨어 있으니 조심하자!

동계 시즌, 자전거 장비 착용하기

추계, 동계 라이딩부터는 비시즌이라고 하지만, 진정한 자덕이라면 1년 365일 모두 자전거를 타는 법! 그러기 위해서는 동계용품을 미리 사둬야 한다. 추계는 보통 환절기 복장(저지, 빕숏, 암워머, 니워머, 버프, 바람막이)를 기본으로 한다. 물론, 아예 긴팔 저지와 롱빕을 입을 수 있으나, 입문자인 경우 동계 시즌에 얼마나 자전거를 탈 수 있을지 모르므로 활용성과 경제적인 것은 전자의 조건을 추천한다. 이 복장을 기본으로 하여 날씨가 추워지면 여기에 재킷 등 다양한 방한 장비를 착용하면 된다.

꽁꽁 싸매고 달려도 겨울은 춥다. 어쩔 수 없다. 혹한기 라이딩은 정말 힘들다. 라이딩 복장을 착용하는 것만으로도 땀을 뻘뻘 흘리게 되고 간단하게 동네 한 바퀴만 돌고 오기에는 아쉬울 정도로 하계 라이딩보다 챙겨야 할 물품들이 많아서 장비를 잘 사용했다는 느낌까지 받으려면 많이 타게 된다.

또, 업힐 코스를 만나기라도 하면 목구멍에서 올라오는 '피 맛'을 느끼게 되고 체온 역시 금방 낮아지기 때문에 쉬는 시간도 짧게 가지면서 자전거를 타야 한다. 눈이나 비가 내린 후라면 도로 곳곳에 블랙 아이스(도로 결빙 현상)가 존재해서 사고가 날 확률도 높아진다.

겨울 의류는 두껍고 겹겹이 입은 탓에 라이더의 몸 자체도 둔해져서 뒤를 돌아보거나 수신호를 하는 것조차 버거울 때가 있으며 장갑을 낀 손은 브레이킹이나 변속 능력을 약화하기까지 해서 안전사고에 유의해야 한다. 이러한 이유로 동계 라이딩은 하계 라이딩보다 난도가 확실히 높다는 것을 인지하고 대비하도록 한다.

하계 라이딩 복장

빕숏

저지

* 하계에서 춘계로 계절이 바뀌면
아래의 아이템을 추가하여 착용한다.
춘추용 워머가 없을 시에는 겨울용
저지와 빕을 입어도 좋다.

춘계, 추계 라이딩 복장

장갑

암워머

질렛

레그워머

동계 라이딩 복장

바라클라바

바미츠 핸들 커버

겨울용 재킷

동계 장갑

슈커버(또는 동계 슈즈)

겨울용 저지

겨울용 빕

실내에서 라이딩

또 비냐.

그렇다면 아쉬운 대로,
내가 할 수 있는 걸 하자.

장마철, 혹한기, 미세먼지,
황사, 귀찮음 등이
자덕을 괴롭힐 때
우리는 실내 훈련(인도어 사이클)을
할 수 있지.
자덕의 실내 훈련은
일명 고정로라, 평로라 타기!

이것이 바로!
다람쥐 쳇바퀴 훈련
평지에서 롤러, 평롤러, 평로라!

위~잉
위잉~

평롤러

"굳이 이렇게까지 타야 하나?"라는 질문을
내게 한 적이 있었지.
그에 대한 대답은 "아니오"였어.
하지만 나의 몸은 "예"라고 대답하곤 했다네.

고정 롤러를 탈 때는
딴짓을 마음껏 할 수 있지!

→ 리어 고정

고정롤러

하지만,
평롤러보다 더 재미없어.

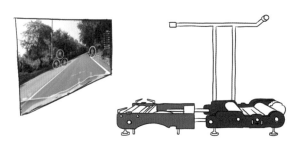

그렇다면,
스마트 롤러를 타는 것도
답이 될 수 있다.

올~라 가즈아!

헉 헉
땀 땀

내려 가즈아!
요즘은 정말 좋은 시대구먼.

인도어 사이클도 이제 즐겁게
라이딩할 수 있는 시대가 왔어.

곧 AI가 인간을 뛰어넘을 거야…

뭐래
또…

독자

TIP `'고정로라', '평로라', '실내 사이클링 클럽'이란?`

고정로라 '고정 롤러'를 타는 것. 고정되어 있어 안전하다. 파워 페달링 훈련을 할 수 있다. 그리고 타면서 다른 일도 하는 등 '멀티'가 가능하다(TV 보기, 스마트폰 채팅, 멍하게 있기, 머리 숙여 눈감고 무작정 달리기, 밥 먹기). 단점은 조금 지루하다는 것.

평로라 '평롤러'. 실내에서 자전거를 탈 수 있는 기구. 처음엔 타기 어렵고 익숙해진 후에도 긴장감을 유지해야 안전하다. 주행감이 좋다.

실내 사이클링 클럽 '로라방'이라고 불리는 곳. 점점 이런 클럽이 느는 추세다. 자유 라이딩을 하며 코칭 트레이닝도 할 수 있다. 집에서 혼자 로라 훈련을 하면 지루하기도 하고 마인드 컨트롤이 잘 안 되어 라이딩이 느슨해지기 마련이지만, 다른 사람들도 있는 자리에서 달리면 자기도 모르게 더 강한 페달링을 하게 되므로 확실한 동기부여를 주기 때문에 실력 향상에 도움이 될 수 있다. 요즘에는 최첨단 인도어 사이클링 시스템이 갖춰져 있어서 가상으로 실제 코스처럼 달려볼 수 있게 되었다. 이 얼마나 자덕이 살기 좋은 세상인가!

BEC(비텔리 익스클루시브 센터, Bitelli Exclusive Center)

인도어 사이클링이라는 장르를 가장 재미있게 구성한 장소. 기획부터 트레이닝보다는 실제 라이딩에 초점을 맞춘 예. 가상현실 4D 사이클링 실내 자전거 클럽.

장마철, 혹한기, 실내 자전거 훈련(평로라, 고정로라 타기)

다람쥐 쳇바퀴 굴리기를 우리도 할 수 있다. 장마철이나 겨울에 자전거광들은 이미 실내에서 자전거를 타고 있는데, 생각보다 재미있게 즐길 수 있다.

PART 5

부록

'자덕' 용어 사전 라이더끼리 소통하기 수월한 자전거 용어(은어 포함)

라이더

자덕 자전거 덕후(광적인 팬=오타쿠)의 줄임말

도선생 자전거 도둑

로멸 로드 멸치의 줄임말로, 체형이 마른 로드 라이더를 지칭함

로뚱 체형이 뚱뚱한 로드 라이더를 지칭함

괴수(괴수) 자전거를 아주 잘 타는 사람. 인간 같지 않은 인간

경량 덕후 자전거의 무게를 최대한 가볍게 만들기 위한 집착이 덕력(덕후력)으로
승화된 상태

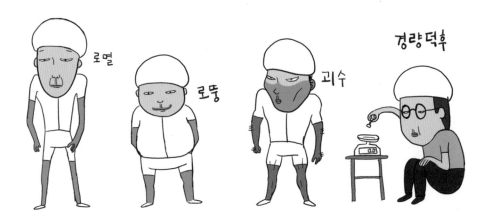

구분 / 행위

잔차 자전거의 줄임말

로드 로드 사이클 자전거의 줄임말

므틉 MTB. 영어 스펠링을 그대로 발음함

철티비 유사 MTB의 별칭

미벨 미니벨로의 줄임말

눈뽕 반대편에서 달리는 라이더의 전방등이 나의 시야를 방해하는 것

증상

뽕 무언가에 꽂힌 상태

산뽕 MTB 라이더가 주력 로드인 '산'에 가서 진정한 재미를 맛보는 경험을 뜻함

초기화 라이더가 일정 기간 자전거를 타지 않아 실력이 초기화된 상태

크랙 어떤 충격이 가해져 카본 부품이나 프레임에 생긴 균열

토크 (1) 페달링에 실리는 힘(토크를 올려서 페달링 한다)

토크 (2) 정비 중에 볼트를 조이는 힘(토크 렌치를 써서 정확한 토크 값으로
　　　　조인다)

봉크 근육의 에너지원인 글리코겐이 고갈되었을 때. 보통은 힘들고 지친 상태를
　　'봉크났다'라고 쉽게 표현함

자빠링 자전거를 탄 채로 넘어진 상황

클빠링 클릿슈즈 입문자가 클릿을 미처 빼지 못해서 자빠링하는 것

낙차 자빠링을 고급스럽게 표현한 말

끌바 자전거에서 내린 다음, 자전거를 끌고 가는 것(언덕에서 주로 한다)

들바 자전거를 들고 이동하는 것(계단이나 비포장도로에서 주로 한다)

자덕 라인 여름철 자전거 의류를 입었을 때 팔과 허벅지에 생기는 경계선.
일명 태닝 라인

잭나이프 고속 주행으로 인한 낙차 상황으로, 라이더의 체중이 앞으로 쏠려
뒷바퀴가 공중으로 뜨는 것

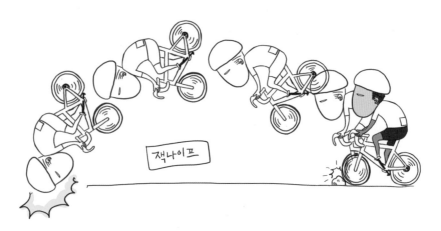

라이딩

업힐 오르막길

다운힐 내리막길

말뚝 선두 그룹 라이딩을 할 시, 목적지까지 계속 앞에서 끌어주는 것

약 팔다 별로 힘들지 않지만, 힘든 척하는 느낌일 때 쓰는 말

버리다 속도가 느린 선수를 끌어주지 않고 두고 가는 것

끌다, 끌어주다 그룹 라이딩 중, 선두에 있는 라이더가 리드하면서 뒤에 있는
라이더의 바람막이와 페이스 메이커가 되는 것. 순위 경쟁을
하지 않고 사이클 팀 경기를 서포트하는 도메스티크 선수와
흡사함

줍다 그룹 라이딩 중, 뒤처진(흐른) 멤버를 챙겨서 다른 그룹을 만들거나,
원래 그룹에 합류시키는 경우를 말함

빽점 놓다 빽점은 백미러의 점을 말함.
즉, 자신의 뒤에 따라 오는 라이더가 점처럼 보일 정도로 마구 달려
혼자 앞서가는 것

따이다 자신의 뒤에 있던 라이더가 나를 제치고 앞으로 나가는 것
(라이더끼리는 비매너 행위에 속한다)

팩 라이딩 그룹을 일컬음

댄싱 안장에서 일어나, 서서 페달링하는 기술(업힐이나 가속 또는 근전환을
위해 사용)

안라 안전한 라이딩

무낙차 낙차 없이 안전하게 무사히 탔다는 뜻

기상령 이른 아침 라이딩 번개(만남)를 나가기 위한 첫 번째 관문으로, 미시령, 배후령 같은 업힐 코스를 빗대어 아침에 일어나는 행위를 기상령이라 함

환경

순풍 라이더의 진행 방향과 같은 방향으로 불어오는 바람(라이딩하기 수월함)

역풍 라이더의 진행 방향의 반대로 불어오는 바람(라이딩이 아주 힘듦)

자출 자전거 출근의 줄임말

자퇴 자전거 퇴근의 줄임말

보급 장거리 라이딩 시 에너지 보충을 위해 음식물 또는 스포츠 뉴트리션을 섭취하는 것

흐름, 흐르다 라이딩하다가 무리에서 떨어져 뒤처지는 것

피 빨기 앞에 가는 라이더를 바람막이 삼아 달리는 것(공기의 저항을 덜 받는다)

점프 자전거를 가지고 차량 또는 대중교통을 이용하는 것

샤방벙 샤방샤방한 모습으로 라이딩하는 번개(벙개)

낙타 등 업힐과 다운힐이 반복되는 코스

운동벙 운동에 목적을 둔 라이딩 번개

먹벙 맛집을 찾아가는 것이 목표인 라이딩 번개

에어로 부품, 자세 등을 이용해서 공기의 저항을 줄이는 것

오픈(오픈 구간) 그룹 라이딩 시, 자유롭게 선두를 추월하거나 자신의
페이스에 맞춰 달리는 상황. 보통 큼직한 업힐 코스에서
발동되고 정상에서 다시 모여 이동함

홀 노면의 장애물 또는 구멍

지명

반미니 서울 자전거 동호인들의 성지 '반포 미니스톱 편의점'의 줄임말

뚝미니 뚝섬 한강공원에 위치한 미니스톱

아이유 고개 서울 강동구 암사 고개의 별칭으로, 가수 아이유의 대표곡 <좋은 날>
의 3단 고음처럼 3단계의 업힐이 있는 고개

남북 서울 남산과 부악 팔가전 코스

잭니 인천 송도의 잭 니클라우스 CC 코스

분원리 경기도 광주시 남종면 분원리에 있는 자전거 코스

홍가네 슈퍼 분원리 코스 막바지에 있는 슈퍼마켓의 이름

동부 5고개 벗고개, 서후고개, 명달리, 다락재, 유명산 총 5가지 업힐 코스

개미지옥 자전거 관련 물품을 끊임없이 구매하는, 자전거의 늪에서 빠져나올 수
         없는 상태

대륙봉 중국산 가품 프레임을 말함

가성비 가격 대비 성능

감성비 가격 대비 디자인의 예술성

기함 여러 자전거 제조사 중 최상위 모델

업글 자전거 혹은 자전거 부품을 더 좋은 성능으로 교체

옆글 자전거 혹은 자전거 부품을 비슷한 성능의 부품으로 교체(주로 디자인 교체)

다운그레이드 자전거 혹은 자전거 부품의 성능을 덜 좋은 것으로 교체

장터링 자전거나 자전거 부품을 사기 위해 장터나 커뮤니티를 탐색하는 것

초쿨매 온라인 중고 장터에 매우 좋은 제품이 저렴한 가격으로 올라온 것

아는 척 할 수 있는 '진짜' 사이클 용어

펠로톤 프랑스어로 '작은 뭉치', '덩어리'라는 뜻. 자전거 경기에서 한데 몰려다니는 주된 무리를 말함

케이던스 1분에 내 다리가 페달을 몇 번 휘젓는가를 파악하는, 분당 페달링 회전수

BA Break Away의 줄임말로 도로 사이클 경기 중 메인 펠로톤에 안주하지 않고 소규모로 튀어나와 앞서 달리는 것(체력 소모가 크고 피니시까지 유지하기 상당히 힘듦. 성공 확률이 적은 도박이다)

도메스티크(Domestique) 도로 사이클 경기에서 팀의 리더를 위해 희생하고 보호하는 선수. 순위 경쟁을 하지 않고 팀을 서포트한다.

어택 도로 사이클 경기 중 갑자기 빠른 속도로 치고 나가는 것(예: "A 선수가 어택을 시도해서 BA에 성공했습니다.")

컷오프 기록에 대한 시간. 어떤 자전거 대회에서 출발과 동시에 모든 인원의 완주를 3시간으로 정했다면, 3시간 이전까지 골인한 기록만 인정하는 것. 3시간 이후에 골인하는 사람은 기록에 인정되지 않는다(실격 처리)

로테이션 그룹 라이딩을 할 시, 선두를 교대하며 바람의 저항을 교대로 나눠 받아 달리는 것

스프린터 평지 코스에 강하고 폭발적인 힘을 내는 라이더

클라이머 업힐에 강한 라이더

올라운더 모든 코스를 잘 타는 균형 잡힌 라이더

이정도는 알아야 어디가서 자전거 좀 탄다고 하지 않겠어?

자전거 장비 열전 있으면 더 좋은 다양한 자전거 장비

 펌프

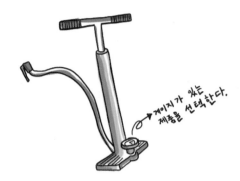

게이지가 있는
제품을 선택한다.

자전거를 본격적으로 타기 시작했다면, 펌프는 사두는 것이 좋다.
자전거 공기압은 라이딩하기 전에 항상 점검하고 주입하는 것이 안전하기
때문이다. 공기압이 충분하지 않은 바퀴는 펑크가 날 위험이 있고
또 바퀴가 잘 구르지 않아 라이딩이 더 힘들다.
보통 저렴한 펌프는 바람을 넣을 때 많은 힘을 요구해서, 체중으로 힘을 실어
펌프질을 해도 바람이 잘 들어가지 않아 힘들어하는 경우가 종종 있다.
펌프로 공기를 주입할 때는 팔의 힘을 사용하면 오히려 어렵다. 팔을 꼿꼿하게
세워 버티면서, 어깨에 힘을 주고 다리를 구부리며 주입하면 조금 더 쉽게
넣을 수 있다.

휴대용 펌프
있으면 유용하지만, 1년에 1~2회 쓸까 말까 한
아이템이므로 신중하게 산다.

자전거 자물쇠

일반 번호키형   초경량, 간편형   초강력 폴딩락

자전거를 지키기 위해서 보통 자전거 입문자들이 많이 산다.
그러나 자물쇠도 완전히 믿을 수 있는 아이템은 아니다. 자물쇠는 모두
절단이 가능하고 절단이 되지 않는 자물쇠라 하더라도 필요한 부품만
빼가는 '도선생'을 막을 순 없기 때문이다. 자신의 자전거는 늘 보이는 곳에
두고, 오랜 시간 동안 내버려 두지 않는 것이 최선이다.
자물쇠를 너무 믿지 말길.

헐

절대 안
잘림.

그러나.
프레임 빼고
다 털어감.

털썩

장인의 솜씨다…
나쁜 놈!

액션 캠코더(블랙박스)

액션 캠코더는 나의 라이딩을 영상으로 기록하여 추억을 보관하는 용도도
있지만, 블랙박스의 기능도 있다. "자전거에 무슨 블랙박스야?"라고 할
수도 있다. 그러나 자전거도 법적으로 도로에서는 '차'로 분류되기 때문에
사고 발생 시 블랙박스 영상은 중요한 자료가 된다. 특히 자동차와 함께
달리는 도로를 자주 달리는 라이더라면 더욱 유용한 아이템이 될 것이다.

GPS 사이클링 컴퓨터(와후 엘리먼트)

자전거 속도계는 단순히 속도만 나오는 제품이 있는가 하면, 자신의 위치
정보까지 모두 기록해서 애플리케이션으로 전송하는 사이클링 컴퓨터까지
다양하다. 자전거를 타면서 꼭 필요한 아이템은 아니지만, 갖고 있으면
확실히 재미가 배가된다. 자신의 모든 라이딩을 기록하고 내비게이션
기능까지 다양한 방법으로 활용할 수 있다. 각 제조사의 애플리케이션으로
로그가 관리되지만, 통합 GPS 서비스인 스트라바에 연동이 가능해서 어떤
기기를 써도 무방하다.
'스트라바' 애플리케이션으로도 라이딩하는 데 충분하다.
다만, 사진을 찍고 전화도 함께 해야 하므로 장거리 라이딩 시에는
배터리가 빨리 소모되는 단점이 있다. 그러므로 라이딩 기록을 제대로 하고
싶다면 사이클링 컴퓨터 속도계를 구입하는 것을 추천한다.

카본 휠셋

자전거 바퀴의 소재는 크게 카본과 알루미늄으로 나뉜다.
최상급 바퀴는 대부분 카본 소재이다. 카본의 특징은 매우
가볍다는 것. 그러나 내구성에서는 알루미늄보다 불안한 요소가
있으며 상대적으로 제동력이 떨어져 조심해야 한다(특히 우천 시).
기온이 높은 날씨에 장시간 브레이크를 잡고 다운힐을 달리게
되면 열 변형의 위험 또한 있다. 물론 최신 카본 휠은 기술이
업그레이드되어 예전만큼 열 변형이 많지 않다.

튜블러

튜블러는 대부분 카본 휠셋에 사용되며 레이싱 목적으로 만들어진 것이다. 간혹 알루미늄 휠셋에도 튜블러 방식을 사용하기도 한다. 튜블러의 특징은 타이어 자체가 튜브로 되어 있으며 휠셋에 타이어를 본딩(접합)하는 방식이다. 더 단단한 주행감을 주고 있어 고속 주행이 목적이며 작은 펑크는 실란트로 수리할 수 있지만, 구멍이 클 경우 타이어 자체를 교체해야 하므로 유지비용이 상대적으로 높다.

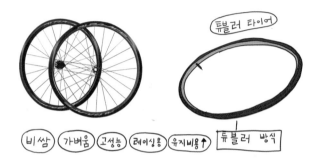

튜블러 타이어

비쌈 · 가벼움 · 고성능 · 레이싱용 · 유지비용↑

튜블러 방식

알루미늄 휠셋

알루미늄 휠셋은 카본 소재만큼 가볍지는 않지만, 내구성이 강하고
안정적인 제동력을 보여준다. 열 변형에 대한 위험이 없으므로
마음 편하게 달릴 수 있다.

클린처

클린처는 타이어와 림 안에 튜브가 들어가는 가장 보편적인 자전거 바퀴의 방식이다. 유지비용이 적게 들고 펑크 시 튜브의 구멍을 메꾸거나, 튜브를 교체하는 방식을 사용하기 때문에 빠르게 고칠 수 있어 사고가 나도 쉽게 대처할 수 있다. 유지 비용도 적다.

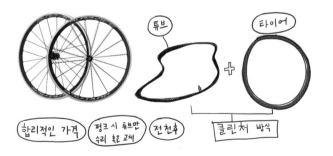

튜브 + 타이어

합리적인 가격 · 펑크 시 튜브만 수리 혹은 교체 · 전천후

클린처 방식

실란트

튜블러 타이어가 펑크 났을 때 구멍을 메꿔주는 수리용 액체이다.
위에서 언급한 것처럼 타이어가 찢어지거나 구멍이 크면 메꿔지지 않는다.

① 이렇게 벨브 캡을 열어서
실란트 액체를 주입한다.
(1통 모두 주입)

② 실란트 주입 완료 후, 공기압을
약간 채우고 바퀴를 공중에서
회전시킨다(실란트를 타이어
안쪽에 골고루 바르기 위한 것.
펑크 위치도 찾을 수 있음).

③ 그럼 구멍에서 우윳빛 실란트가
막 나온다. 당황하지 않고
구멍이 아래쪽으로 향하도록
15분간 둔다.

④ 15분 정도 지나고, 더 이상
실란트가 타이어 표면으로
나오지 않으면 공기압을 좀 더
채운 후 주행한다.

⑤ 하지만 공기를 주입해도
다시 터지는 경우도 있다.
복구하는 것은 복불복……

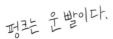

펑크는 운빨이다.

나만 빵꾸나……
남들 다 안 나고
나만 빵꾸나

그럼 자연스럽게 택시를 부른다.
ㅠㅠ

TT 바, 독주용 핸들 바

타임 트라이얼 경기에서 사용하는 핸들 바. 자전거에 빠지면
한 번쯤은 갖고 싶은 마음이 생기는 아이템이다.
고속 주행 시 포지션을 낮춰줘서 공기의 저항을 줄여 더 빠른
속도로 주행할 수 있게 한다. 트라이애슬론 경기에 출전을 위한
목적이 아니라면 추천하지 않는다. 포지션에 따른 갑작스러운
상황에 대응이 늦고 급커브 길에서는 위험할 수 있기 때문이다.

일반 로드 포지션

TT바 장착 포지션

에어로 헬멧

TT 바와 마찬가지로 바람의 저항을 완화해주는 헬멧으로 고속 주행 시
도움이 된다. 하지만, 일반 헬멧보다 윈드터널이 부족해 여름철에는
더욱 덥다. 라이더가 아닌 사람들에게는 우스꽝스러운 외계인처럼
보이기도 해서 나름대로 귀여운 아이템.

에일리언 같고
덥다.
그러나 왠지
멋져!

파워 미터

파워 미터는 자신이 낼 힘을 수치화하여 사이클링 컴퓨터에 기록해주는
기기이다. 경쟁 대회나 체계적인 훈련을 할 때 많은 도움을 준다.
라이더 대부분에게는 굳이 필요 없는 물건이지만, 자덕인 우리가
꼭 필요해서 샀던가. 그래도 자칫 숫자의 노예가 될 수 있으니 주의!

페달형

그랭크형

허브형

자동차 캐리어

자동차 캐리어는 다양한 종류가 있는데, 보통 투어 라이딩을 하기에는
좋지만, 차량을 자동 세차해야 할 때, 반드시 벗겨내야(탈거) 하는 불편함이
있다. 그래도 캐리어가 있으면 자전거를 매번 트렁크나 뒷좌석에 실을
필요가 없어 편리할 것이다. 무엇보다 아주 멋진 라이프 스타일을 표현할
수 있다는 것!

에필로그

TV에서 미 대륙을 횡단하는 자전거 여행을 보거나 레이싱 팀에 속해 빠르고 거센 라이딩을 할 때마다 마음이 벅차오른다. 나도 시간 날 때마다 자전거로 세계여행을 하고 대륙을 완주하고 싶은 욕심이 종종 생기기도 한다. 하지만 현실의 삶을 포기하고 떠나기란 쉽지 않다.

사실 그렇게까지 도전과 열정을 가질 필요는 없다. 우리에겐 매일 아침 9시까지 가야 하는 직장이 있고 사랑하는 가족과 친구들 등 곁에서 함께할 것들이 너무 많으니까.

그렇다. 우리는 그런 보통 사람들이다. 거창하지 않아도 상관없다. 선수도 아니고, 지금 당장 자전거를 타고 집 밖을 나가면 바로 라이딩이 시작되는 것이니까. 얼마나 쉬운가. 무작정 마음껏 달리면 한껏 뿌듯하고 충만해지는 기분이 든다. 진정한 취미로써 심리적인 안정을 가져다주고 휴식과 동시에 운동까지 책임질 수 있는 자전거가 있으니 정말 행복하다.

평범한 일상을 사는 사람으로서 나에게 자전거는 단지 조금 더 깊이 빠지는 시간도 있고 조금은 멀어지는 시간도 있는, 삶을 조금 더 풍요롭게 해주는 수단이다. 그래서 이 책을 읽는 당신의 삶 속에도 자전거가 늘 함께했으면 좋겠다.

특별한 도전이나 특별한 장소에서 이루어지는 사이클링 라이프가 아닌 나만의 방식으로 자전거와 함께 하는 것, 소소하고도 다채로운 기억으로 채울 수 있는 것, 그리고 언제나 즐거운 활력소! 그게 바로 여러분의 자전거였으면 좋겠다.

자전거 백과사전 아님

: 차근차근 자전거 적당히 잘 타는 법

초판 1쇄 인쇄   2018년 5월 14일
초판 3쇄 발행   2021년 10월 1일

저자   정태윤
펴낸이   이준경
편집장   이찬희
편집   김아영, 김한솔
디자인   정미정, 김정현
마케팅   양지환
펴낸곳   (주)영진미디어

출판 등록   2011년 1월 6일 제406-2011-000003호
주소   경기도 파주시 문발로 242 파주출판도시 3층 (주)영진미디어
전화   031-955-4955
팩스   031-948-7611

홈페이지   www.yjbooks.com
이메일   book@yjmedia.net
ISBN   978-89-98656-73-7 03690
값   14,000원

이 도서의 국립중앙도서관 출판예정도서목록(CIP)은 서지정보유통지원시스템 홈페이지(http://seoji.nl.go.kr)와
국가자료공동목록시스템(http://www.nl.go.kr/kolisnet)에서 이용하실 수 있습니다. (CIP제어번호: CIP2018013967)